Das Papageienparadies
Neue Geschichten aus der Vogelschule

Ann Castro

Das Papageienparadies

Neue Geschichten aus der Vogelschule

Ann M. Castro

AdlA

Die Deutsche Bibliothek verzeichnet diese Publikation in der Deutschen Nationalbibliografie; detaillierte bibliografische Daten sind im Internet über http://dnb.ddb.de abrufbar.

Castro, Ann:
Das Papageienparadies. Neue Geschichten aus der Vogelschule /
Ann M. Castro.
1. Auflage – Hattersheim: AdlA Papageienhilfe gGmbH, 2011

Alle Angaben in diesem Buch sind sorgfältig geprüft und geben den neuesten Wissensstand bei der Veröffentlichung wieder. Da sich das Wissen aber laufend weiterentwickelt und vergrößert, muss jeder Anwender prüfen, ob die Angaben nicht durch neuere Erkenntnisse überholt sind. Eine Haftung der Autorin bzw. des Verlags und seiner Beauftragten für Personen-, Sach- und Vermögensschäden ist ausgeschlossen.

Layout: Ann M. Castro
Umschlag: Ann M. Castro
Titelbild: Ann M. Castro
Lektorat: Thilo Hagen
Druckerei: Saarländische Druckerei & Verlag GmbH

©2011 AdlA Papageienhilfe gGmbH
Neckarstraße 23, 65795 Hattersheim
www.annsworld.de
Alle Rechte vorbehalten

Printed in Germany
Taschenbuch: ISBN 978-3-939770-36-7
PDF: ISBN 978-3-939770-37-4
epub: ISBN 978-3-939770-38-1

Dieses Buch ist all den Menschen gewidmet, die sich um ihre Tiere bemühen und ihnen das Leben in Gefangenschaft so schön wie möglich machen wollen.

Ich wünschte, ich könnte Euch allen helfen.

Die Protagonisten

Jazz	Agapornidenhahn
Klein-Timmy	Agapornidenhenne
Maximus	Agapornide
Minimus	Agapornide
Hector	Graupapageienhahn
Lily	Graupapageienhenne
Jack	Grünflügelarahahn
Scarlett	Grünflügelarahenne
Inti	Rotohrarahahn
Pablo	Graupapageienhahn
Flores	Graupapageienhenne
Tina	Orangehaubenkakaduhenne
Timmy	Orangehaubenkakaduhahn
Oscarine	Rotbugarahenne
Pedro	Rotbugarahahn
Polly	Blaustirnsittichhenne
Chrissie	Blaustirnsittichhahn
Lisa	Graupapageienhenne
Max	Graupapageienhahn

Inhalt

1. Vorwort 9
2. Im Irrenhaus 11
3. Der Sonnengott 27
4. Aga-Looove 47
5. Schreihälse 89
6. Ich werde Großmutter! 105
7. Sorgenkind 133
8. Haltungsfragen 157
9. Mein erstes Buch 191
10. Nachwort 201
11. Wer ist die AdlA Papageienhilfe? 203
12. Die Haltung von Papageien 205
13. Die Autorin 207

Ann Castro

1. Vorwort

Das Leben im Papageienparadies entwickelte schnell eine ganz eigene Dynamik. Zwischen Chaos und Notfällen bei den gefiederten und befellten Tieren sowie dem Haus kam ich streckenweise kaum noch zum Atmen hoch, weil ich so derartig unter Wasser war. Dennoch würde ich diese Zeit um nichts in der Welt missen wollen.

Man sagt, dass man an seinen Aufgaben wächst. Dabei wird jedoch verschwiegen, wie lebendig man sich dadurch fühlt. Ich stehe tausendmal lieber um fünf Uhr morgens auf mit einem prall gefüllten Tag voller gefiederter Liebe vor mir, als dass ich ausschlafen und vor dem Fernseher sitzen möchte. Obwohl das ab und zu sicherlich auch mal ganz schön wäre.

Die Tiere, die mit all ihren Problemen und Vorgeschichten in mein Leben traten – und treten –, sind nach wie vor meine besten Lehrmeister.

Ja, diese Lehrer waren manchmal ganz schön hart. Ich habe die Narben, die dies beweisen. Auf der positiven Seite durfte ich mit ihnen auch unzählige tiefe Glücksmomente erleben, die mein Leben erst so wirklich rund machen. Dazu kam natürlich unendlich viel Gelächter, wenn die Tiere oder ich oder wir alle zusammen mal wieder völligen Blödsinn machten. Der Spaß, den wir zusammen haben, entschädigt wirklich für alles. Auch für den häufigen Schlafmangel, wenn wieder einmal eines der Tiere krank ist und besondere Aufmerksamkeit benötigt.

Ich bin mir sicher, wenn wir alle so mit den Papageien leben dürften, wie es mir vergönnt ist, wären viele Menschen sehr viel glücklicher. Ich bin mir täglich bewusst, was für ein Privileg es ist, diese wundervollen Geschöpfe zu meinen Freunden zählen zu dürfen.

Liebe Grüße,

Ann.

P.S. Leider sind die Bilder, die mir aus dieser Zeit zur Verfügung stehen, nicht in der für eine Buchveröffentlichung erforderlichen Qualität. Damit Ihr Euch meine gefiederten Mitbewohner besser vorstellen könnt, habe ich die Bilder aber auf meine Webseite hochgeladen (www.annsworld.de).

2. Im Irrenhaus

17-11-2004
Danke für Eure lieben Gedanken.
Es ist jetzt eine schwere Zeit, denn ich habe beschlossen, Jazz abzugeben, wenn die Ergebnisse der Obduktion da sind. Warum? Nun, dafür gibt es mehrere gute Gründe. Zum einen glaube ich, dass er in einem Schwarm Agaporniden glücklicher sein würde als mit nur einem Partner in einem Schwarm Großpapageien. Zum anderen haben rund 90 Prozent der Agaporniden PBFD. Agaporniden können dies scheinbar recht gut wegstecken, Großpapageien jedoch nicht. Das Risiko, dass ich mir über eine neue Partnerin für Jazz PBFD ins Haus holen würde, ist leider enorm hoch.
Dieses Risiko kann ich, darf ich und will ich natürlich nicht eingehen.
Aber, ach, Jazz ist derzeit so zutraulich und süß. Er kommt mit allen gut klar. Wenn ich nur dran denke, ihn auch nicht mehr zu haben, fange ich wieder an zu heulen. Ich werde diese kleinen Kobolde und ihr lustiges Gezwitscher so sehr vermissen!
Traurige Grüße.

23-11-2004

Obduziert hatten die Tierärztin und ich Aladdinchen ja gemeinsam. Die Histologie ergab das Gleiche: Todesursache vermutlich viszerale Gicht.

Auf die Ergebnisse der Bakteriologie warte ich noch.

Tatsache ist, dass laut Tierärztin bei einem dreijährigen Vogel eine viszerale Gicht so gut wie ausgeschlossen ist. Die Vermutung liegt nahe, dass der Züchter dem Zoogeschäft damals eine „ausgelutschte" Bruthenne untergejubelt hat.

Armes Aladdinchen! Wenigstens hatte sie noch ein paar gute Jahre bei mir.

Kennt einer von Euch ein wirklich gutes Zuhause für Jazz, möglichst in meiner Nähe, mit regelmäßiger tierärztlicher Versorgung, Quarantäne für Neuzugänge, getestetem Bestand und großen Volieren oder besser ständigem Freiflug? Schwierig, ich weiß. Aber vielleicht fällt einem von Euch etwas ein.

27-11-2004

Doch, natürlich habe ich daran gedacht. Aber bei besagter Auffang- und Verpaarungsstation gibt es einen enormen Zu- und Abgang von Agaporniden. Diese Tiere werden nicht alle vollständig tierärztlich untersucht. Dafür fehlen einfach Geld und räumliche Möglichkeiten zur Quarantäne. Da circa 90 Prozent der Agaporniden PBFD und sicherlich auch noch andere Krankheiten haben, kannst Du davon ausgehen, dass sich solche Krankheiten in einer Gruppe mit einem derartigen Hin und Her von Vögeln sicherlich ausgebreitet haben.

Jazz ist vollständig tierärztlich getestet und ist frei von solchen Krankheiten. Ich werde ihn nicht in eine Situation bringen, in der ich genau weiß, dass er sich anstecken wird.

28-11-2004
Der PBFD-Test ist in der Tat nicht furchtbar zuverlässig. Auch ist es schwierig, Papageien auf alles zu testen. Bei manchen Dingen ist es schon eine ganz schöne Rumsucherei, um überhaupt ein Labor zu finden.
Deshalb gilt: unbedingt Untersuchungen PLUS Quarantäne. Und diese sollte mindestens vier Wochen, besser länger, manche sagen sogar drei Monate, betragen. Durch den Stress kommen manche Krankheiten überhaupt erst zum Ausbruch, die vorher zwar vorhanden, aber nicht erkennbar waren.
Außerdem ist es wichtig, Mehreres zu untersuchen. Denn nur so kann man feststellen, ob es Verdachtsmomente gibt wie zum Beispiel eine vergrößerte Milz oder ein erhöhter Leukozytenzähler. Dann weiß ich, dass da irgendetwas nicht stimmt und muss „nur" noch herausfinden was.
Ich bin sehr rigoros mit meinen Übernahmetests und habe auch schon ein paarmal deswegen Glück gehabt. Zuletzt wegen einer Polyoma-positiven Gelbbrustarahenne, der ich gerne ein neues Zuhause gegeben hätte. Sie wirkte beim Ansehen völlig gesund.
Man kann gar nicht vorsichtig genug sein, finde ich. Ich kenne solche Fälle: X-mal Glück gehabt – und „Nein, wir haben diese Tests nicht nötig". Aber wenn es sie dann erwischt und die Tiere krank werden, ist das Elend groß.

29-11-2004

Jetzt ist es doch mal an der Zeit, Euch ein Update zu geben, denn vor und nach Aladdinchens Tod war viel los bei uns. Nachdem der große Balken oben aus dem Fenster gefallen war, brauchten die lieben Tierchen dringend eine neue Nagegelegenheit, und siehe da, was bot sich mehr an als dieses dunkelgrüne Holz mit dem komischen durchsichtigen Zeug dazwischen. Nachdem sie dem großen Fenster in wenigen Tagen erheblichen Schaden zugefügt hatten, sodass ich befürchten musste, dass in Kürze das Glas herausfallen würde, musste dringend Abhilfe geschaffen werden.

So standen mir dann vor drei Wochen ein lieber Helfer aus dem Forum und ein Kollege mit Rat und Tat zur Seite. Da ich die einzige ohne Höhenangst war und außerdem über ein Klettergeschirr verfügte, war ich dann auch diejenige, die sich auf 7,5 Meter Höhe mit einer zwei Meter mal ein Meter großen Plexiglasrolle auf der Leiter austoben durfte.

Die emsige Hilfe von Jack und Co., die insbesondere immer wieder meinen sicheren Stand auf der Leiter, das Werkzeug und natürlich das Sicherheitsseil inspizieren mussten, halfen nicht wirklich weiter. Wir hatten morgens um 10:30 Uhr angefangen. Fertig waren wir dann endlich um 19:15 Uhr. Fix und Fertig. Meine diversen Muskeln und der Rest meines Alabasterkörpers konnten sich noch tagelang an der getanen Arbeit erfreuen. <ächz-stöhn>

Leider schafft Scarlett es immer noch, sich vom oberen Teil des ehemaligen Vorsatzrahmens, an den ich nicht herankam, um ihn abzusägen, über die Berieselungsrohre bis zum Oberlicht zu hangeln und dort den Auflegerahmen, auf dem die schweren Stahlgitter ruhen, zu beknabbern. <seufz> Polly zeigt sich währenddessen wenig nagefreudig, dafür aber lautstark und zuckersüß. Sie lässt sich jetzt komplett durchknautschen. Sie wird dann zum kuscheligen Flaumball, der sich unter den Flügeln, an Bäuchlein, Rücken, Popöchen (wichtig: Bürzeldrüse checken!) mit beiden Händen durchwalken lässt. Sie fliegt außerdem überall hinterher, sodass ich heute drei Ansätze brauchte, bis ich ohne sie aus dem Tropenhaus herauskam. Polly ist wirklich sehr, sehr flink.

Oscarinchen hingegen ist derzeit weniger kuschelig. Sie kommt zwar immer sofort angeflogen, aber mit Kraulen hat sie im Moment nicht viel am Hut. Dafür lässt sie sich gerne ausgiebig mit Allem füttern, was da so angeboten wird. Für die ehemalige reine Sonnenblumenkerne- und Erdnuss-„Gourmetesse" ein Riesenfortschritt.

Dennoch, wo Jack ist, ist auch Oscarine nicht fern. Heute Morgen ist Jack noch in den Vorhang im Bad geflogen, wo er schaukelte und mit mir schäkerte. Alsbald hing Oscarine über ihm und machte auch das lustige Huhuhuuuuu-die-gefährliche-Hand-die-durch-den-Stoff-greift-Spiel mit. Durch die entstandene Lücke am Boden krabbelten dann Polly und Max … Schluss jetzt … ich muss doch zur Arbeit … !!!!!

Apropos Vorhänge … Da mir immer noch Türen fehlen, ist nicht nur der Durchbruch zum Badezimmer, sondern auch der zum Dachgeschoss mit Vorhängen abgeteilt. Auch dort könnten die lieben Kleinen durch, wenn sie wollten – wollen sie aber nicht, wenn ich nicht da bin.

Dachte ich …

Als ich gestern kurz meine Nachbarn besuchte, die mir zwei große Terrakotta-Töpfe spendeten, erfuhr ich zu meinem großen Erstaunen, dass auch Jack und Scarlett sich um die nachbarlichen Beziehungen bemühen.
Die Dachgeschossfenster sind ein klein wenig gekippt (aber nicht so, dass einer ausbüchsen kann – Vorsicht ist die Mutter …), um die Baufeuchte herauszulassen. Jack und Scarlett beschlossen dann wohl vor einigen Tagen, eine Expedition ins Fremdland Dachgeschoss zu unternehmen. Im Tropenhaus ist es ja auch soooooo langweilig!
Meine Nachbarn fanden sich, als sie ob „komischer Geräusche" ans Fenster traten, über die Straße hinweg Angesicht zu Angesicht mit Jack und Scarlett. Diese hatten ihre Krällchen in die Öffnung gehakt (anders kann es nicht gewesen sein, denn es ist alles Dachschräge ohne Landemöglichkeit), gafften auf die Straße und parlierten munter mit allem, was da so vorbeikam.
Zwischenzeitlich haben die abenteuerlustigen Tierchen auch den Keller entdeckt, den sie ausgesprochen spannend finden (dunkel, feucht, eben so richtig schön zum Gruseln). Den gestrigen Tag habe ich dann mit dem bereits bewährten Team damit verbracht, eine Kellertür einzubauen … Schluss mit lustig.

<lach> Ach Doris, ich weiß noch nicht einmal mehr, wie es ist, eine halbe Stunde auf dem Sofa zu gammeln und nichts zu tun …

06-12-2004
Wenn Du beim Quälen anderer zugucken möchtest (Du alter Sadist!!!), würdest Du hier jedes Wochenende glücklich werden.
Habe vergangenes Wochenende angefangen, die Futterstellen und die Brüstungen der Galerien zu verfliesen. Das Kleben ist ja ein Klacks … aber das Zuschneiden der Fliesen … <aua>
War natürlich zu geizig, mir für das bisschen einen anständigen Fliesenschneider zu kaufen und mache jetzt mit so einem Billigteil rum. Als Ergebnis habe ich einen ganz entsetzlichen Muskelkater. Ergebnis nach dem ganzen Wochenende: bloß zwei von vier Futterstellen geschafft und eine halbe Brüstung (von zweien). Dreimal darfst Du raten, was ich nächstes Wochenende mache … <seufz>
Oscarine ist mittlerweile dazu übergegangen, Kampfangriffe zu fliegen, um „ihren" Jack zu verteidigen, wenn er mit mir schmust. Zu diesem Zweck hat die olle Zicke sich sogar getraut, auf meinen Arm zu fliegen, um herzhaft hineinzubeißen. Wir üben jetzt „Nähe" und gemeinsam mit Jack schmusen, und es wird langsam besser.
Polly ist eine völlige Knutschkuschlerin. Sie kann ich jetzt mit beiden Händen unter den Flügeln am ganzen Körper durchwalken. Die letzten Tage haben wir hochheben geübt. Da sie ja beide Hände am Körper sehr gut toleriert, habe ich sie einfach beim Knuddeln ein bisschen angehoben und an meine Schulter gesetzt.
Am Anfang ist sie sofort wieder runter. Dann ist sie länger und länger geblieben. Heute hat sie mich zum ersten Mal

bewusst angesteuert. Als ich ins Tropenhaus kam, habe ich nacheinander alle begrüßt. Ihr dauerte das wohl zu lange, und so ist sie einfach auf meinen Bauch geflogen, ist von dort aus hochgekrabbelt, saß dann glücklich unter meinem Kinn und knutschte meinen Mund ab, was das Zeug hält, die Süße.

07-12-2004
Bezüglich Jazz bin ich leider noch nicht fündig geworden. Ich wollte es lieber über die Empfehlungsschiene machen. Aber da ist gar nichts zurückgekommen. So werde ich ihn wohl in die Vermittlungsseiten posten müssen.

Heute ist Oscarine mir auch auf den Kopf geflogen. Aber sie war ganz brav und hat überhaupt nicht gebissen. Nun gut, ein wenig arg eingekrallt hat sie sich in meine Kopfhaut, um nicht herunterzufallen, sodass ihr Ausflug ein eher gemischter Genuss für mich war. Dennoch hat es mich sehr gefreut, dass die Taktik, sie mit Leckerlis zuzuballern und sie immer wieder mit einzubeziehen, wenn ich mit Jack schmuse, doch Erfolg zeigt. … Vielleicht hat ihr auch nur einer der anderen gesteckt, dass sie aufgeben soll, weil ich erfahrungsgemäß doch den größeren Dickkopf habe …
Das wird auch Scarlett bald herausfinden. Denn ich bestellte soeben eine Riesenseilzugleiter – Arbeitshöhe 9,50 Meter –, mit der ich oben an die Decke komme und ihre neueste

Freizeitbeschäftigung, den Aufliegerahmen für das Oberlichtgitter zu zerstören, wortwörtlich beschneiden werde …
Timmy ist immer noch zuckersüß. Die Strategie, ihn mit Liebe und Aufmerksamkeit zu überschütten, zahlt sich also aus. Polly fliegt mich jetzt immer öfter an. Jetzt landet sie auch auf den Armen. Aber ihr Lieblingsplatz ist immer noch am Nacken unter den Haaren.
Hundeerziehungstechnisch läuft es auch ganz prima. Berry macht gerade den Begleithunde- und Snow den Jagdhundekurs. Geübt wird natürlich beides mit beiden.
Vor einigen Tagen war mir die kleine Lisa ausgebüxt. Sie ist die graue Dame, die nur auf einer Seite Schwungfedern hat und deshalb nicht fliegen kann. Da Flores im gleichen Boot sitzt, habe ich sie zusammen in einen ganz flachen Nagerkäfig verfrachtete, damit sie nicht immer wieder abstürzen und sich verletzen oder die Federn abbrechen können. Diese Maßnahme zeigt endlich Erfolg. Denn überall wachsen die Federchen nach. Genug zum Fliegen sind es leider noch nicht. Aber es kommt.
Nun, wie schon gesagt, war Lisa mir aus dem Käfig gekrabbelt, was bei ihr ein wenig mühsam ist, da sie sehr viel Angst vor Menschen hat und es dementsprechend schwierig ist, sie wieder hineinzubekommen, ohne dass sie völlig gestresst ist.
Also dachte ich mir, da sie friedlich auf einem Ast saß, „Ach lass sie doch bis nachher", und ging nach oben, um mich für den anstehenden Hundespaziergang fertig zu machen. Auf einmal höre ich Gequiecke und sehe, dass sie nach und nach die Treppe hochgehopst ist.

Nun, dort konnte sie natürlich nicht bleiben. Ich also die Hunde ins Platz gelegt, weil ich die nicht auch noch dazwischen wuseln haben wollte, zu ihr hin und sie vorsichtig auf die Hand genommen. Zu meinem großen Erstaunen ist sie freiwillig dort hinaufgekrabbelt. Dann habe ich versucht, sie wieder herunterzutragen. Leider ist sie nicht lang genug sitzen geblieben und „flog" los. Eierte los ist wohl präziser. Und die Landung … au weia …
Ich also hinterher, krabbelte mit ihr zusammen auf dem Boden rum, bis ich sie hatte und sie zurücksetzen konnte.
Dann wollte ich endlich spazierengehen und schaute mich nach den Hunden um – „Wo sind die Hunde???" … Tja, meine Süßen waren die ganze Zeit im Platz oben liegengeblieben, trotz des Gewuseles, das hier unten stattfand, das für sie sicherlich wahnsinnig spannend war. Toll, oder? …

08-12-2004
Polly (die von mir zwischenzeitlich abwechselnd Pauline und Polderinchen genannt wird – aber ich versuche, bei einem Namen zu bleiben, um Euch nicht heillos zu verwirren) steigt seit heute Abend freiwillig auf den dargebotenen Arm. Beachtet man (okay – ich) sie zu lange nicht, fliegt sie mich an. Nur hat sie die Landung mittlerweile so perfektioniert, dass sie direkt unter dem Kinn landet … ssseeehhr effizient. Solange man vergisst, dass das Gesicht direkt über dem Kinn kommt, ist das auch in Ordnung. Ein mulmiges Gefühl habe ich dabei allerdings schon ein wenig. Tina hat sich diese Technik natürlich sofort von Polly abgucken

müssen, sodass ich jetzt zwei herzallerliebste Tierchen mit scharfen Krallen habe, die mir auf geradestem Weg ins Gesicht fliegen.

Jack und Polly kämpfen um mich. Genaugenommen geht Polly mit sooooooo groß aufgesperrtem Schnabel auf Jack los. Beliebtester Star, der er ist, kommt er allerdings gar nicht auf die Idee, dass sie keine Verehrerin sein könnte und streckt ihr auch noch liebkosend die Zunge entgegen <AUA!!!> und weint sich anschließend bei mir aus.

Ihr glaubt es nicht? Aber es ist tatsächlich so. Wenn jemand Jack was getan hat, ob es Polly mit ihrer Zunge-zwick-Taktik ist, ob es Tina ist, die schon wieder in seinem Schwanz gelandet ist, oder Scarlett, die ihm am Flügel zupft. Nach jeglicher überstandener Pein hockt Jack sich auf meinen Arm, schmiegt sich eng an mich, legt sein Köpfchen an meine Brust, blickt traurig hoch zu mir und maunzt … und ich??? Ich zerfließe dann natürlich vor Mitleid …

Neuerdings wendet er diese Taktik auch an, wenn ich vor dem Kühlschrank stehe. <yeah>

Ja, die Hundis sind noch recht jung – elf Monate. Ohne Leine lasse ich sie nur ins Feld, aber nicht an der Straße. Das ist mir zu gefährlich. Wie ich geschafft habe, dass sie so gut hören? Üben, üben, üben … und wir gehen beim Spaziergang immer gemeinsam auf Jagd. Da ich immer gaaanz tolle Beute finde, zu der ich sie rufe („Komisch wie die immer Pansen in der Wiese findet, obwohl wir die doch schon stundenlang abgesucht haben ... wie macht die das bloss????? ..."), wissen die beiden Hexen, dass es sich lohnt, mir zu folgen. Es macht ihnen Spaß, und sie bekommen fast ihr gesamtes Futter beim Spazierengehen. Nur was übrig bleibt, die Salmonellenschleudern (auch bekannt als Hühnchen) und Dinge, die zu lange brauchen, um gefressen zu werden, gibt es nach Rückkehr zu Hause.

Sie arbeiten halt für ihr Futter. Zum Beispiel suchen sie Gegenstände (Schlüsselbund, Handschuhe, Taschenlampe usw.), verfolgen eine Fährte (damit ich diese legen kann, müssen sie liegen bleiben, wenn ich es ihnen sage) oder versuchen, trotz schneller Richtungswechsel usw. „bei Fuß" zu bleiben. Alles was sie tun beziehungsweise was ich von ihnen verlange lohnt sich also für sie.

10-12-2004

Uiiiii, so viele Fragen!!! <freu> Da macht das Schreiben doch richtig Spaß, wenn Ihr so Anteil nehmt! Werde mal versuchen, sie alle hier zu beantworten:

So wie sich das anhört, würde im Kampf Dein Welli gegen meinen Jack Dein Welli kampflos gewinnen ... Ummmm ...dass Jack ein totaler Engel ist, stimmt nicht ganz. Wenn Jack nämlich nicht gerade einen auf Mitleid macht, hat er es auch faustdick hinter den Ohren.

So turnte mein herzallerliebster Schatz zum Beipiel vor Kurzem mal wieder auf mir rum, als es auf einmal ein Riesengeschrei und -gezeter gab. Warum???? Jack hatte sich rücklings von mir hinuntergelassen, um mal eben Tina am

Häubchen vom Boden abzupflücken. Da baumelte sie dann von seinem Schnabel – sehr zu ihrem Missmut.
Ja natürlich habe ich einen Job. ☺ Aber ich stehe nicht umsonst um 5:15 Uhr auf …
Kriegt da etwa das weibliche Herz Muttergefühle? Was heißt hier kriegt??? <lach> Ich glaube, selbst der Unobservanteste (falls es dieses Wort nicht gibt, dann sollte es es geben ☺) müsste inzwischen mitbekommen habe, dass ich mein Jackylein anbete …
Sie erkunden wirklich ihre Welt und machen das meiste draus. Im Kühlschrank war Jack auch schon … und in der Gefriertruhe – Tina auch – und Pablo lernt gerade, den Eisspender am Kühlschrank selbst zu bedienen …
Aber Jack kennt auch „no – be careful" und „no, it's dangerous" (vorsicht und gefährlich) und lässt Dinge tunlichst in Ruhe, wenn ich ihm das sage …

12-12-2004
Was so ein richtiger Papagei im Luxusheim ist, braucht natürlich auch frisches Eis!! Jack und Scarletts „größtest", ist es, mit einem großen Eisstück im Schnabel heißes Badewasser zu schlürfen … neee, das muss man nicht verstehen.

13-12-2004
Über die Notwendigkeit, genau hinzugucken: Aus Zeitnot, und um die Effizienz zu steigern, mache ich gerne mehrere Dinge gleichzeitig. Dies klappt mal besser, mal schlechter.

Heute Abend saß ich vor dem Computer und streichelte Tina. Diese Streichelstunden benutze ich auch immer gerne dazu, den Vogel abzutasten, ob ich irgend etwas Auffälliges bemerke. Und – oh Schreck – bei Tina bemerkte ich am Unterbauch einen Knubbel. Schnell noch ein zweites und drittes Mal abgetastet, eindeutig – ein Knubbel. Mental ging ich schon mögliche Tierarzttermine durch, während ich Tina auf die Hand und hoch verfrachtete, um das Ganze besser untersuchen zu können. Wo war der Knubbel nur gleich, vorsichtig die Federn weggeschoben …ähem – wie peinlich – was ich da so besorgt abtastete war ihre Kloake. Tina – bitte verzeih mir diesen sittenwidrigen Übergriff …☺

14-12-2004
… live comedy-show aus dem Papa-Irrenhaus …
… und dann war da noch das Mal, als ich Scarlett auf der Schulter kraulte und völlig erschrocken einen Knubbel am Kopf bemerkte, den ich intensiv abtastete, ehe ich sie von der Schulter nahm, um ihn zu begutachten (… es war ihr Auge … liebe geduldige Scarlett)
… und dann war da noch das Mal, als ich mit Jack beim Tierarzt war (wegen was anderem) und mit der Tierärztin völlig erschrocken lauter rote Flecken in seinem Gesicht bemerkte … Allergie? Hautausschlag? (… es war der Lippenstift vom Morgen, als ich ihn abknutschte ehe ich zur Arbeit ging).
… und dann war da noch das Mal, als Jack auf meiner Schulter saß und an einem Riesenholzsplitter herumkaute.

Ich hatte Angst, dass er ihn mir ins Auge stechen würde, und versuchte, ihn ihm abzuringen, was ihn gar nicht erfreute (… es war nicht Jack, sondern Scarlett. Der Holzsplitter war Teil ihres Schnabels … liebe geduldige Scarlett).

15-12-2004
Quarantäne, tierärztliche Untersuchungen und Artenschutz: Wie einige von Euch vielleicht wissen, versuche ich derzeit, ein komplett gesundheitlich getestetes Agaporniden-Männchen in einen gesunden Bestand zu vermitteln. Leider bislang vergeblich. Alternativ versuche ich, ein gesundes getestetes Weibchen zu bekommen.
Heute bekam ich eine Mail, in der ich sehr freundlich und bemüht von einer Userin, die mir helfen wollte, darauf hingewiesen wurde, dass ich mich mit der Vermittlung so schwer tue, da so gut wie niemand meine Konditionen erfüllen kann.
Niemand von Hunderten, wenn nicht Tausenden Leuten hier im Vogelforum, soll einen Aga-Bestand haben, der nachweislich gesund ist und Freiflug bekommt, also artgerecht gehalten wird??? Ehrlich gesagt, finde ich es völlig erschreckend, dass Tiere zu Beständen hinzukommen und gehen, ohne dass sie getestet und Quarantänen eingehalten werden. Deshalb haben wir in Deutschland fast epidemieartige Zustände betreffend Polyoma und PBFD bei Agas.
Laut einer Aussage von „Agaporniden in Not" sollen fast alle Agas in Deutschland (mehr als 90 Prozent) PBFD-infiziert sein. Ich finde diese Nachlässigkeit bezüglich

tierärztlicher Untersuchungen und Quarantänen nicht nur bei Agas, sondern bei allen Papageien unverantwortlich von Haltern und Züchtern. Wir halten Tiere, die akut vom Aussterben bedroht sind, und tun nicht alles, um ihre Gesundheit zu schützen. Für mich völlig unverständlich!

Als Halter ist es meine Verantwortung und meine Pflicht, dafür zu sorgen, dass Krankheiten in den Beständen, die es noch gibt, keine Chance bekommen.

Wieso wird immer auf die Missstände in der Welt und bei anderen gezeigt, aber die Dinge, die vielleicht unbequem und teuer sind, die aber jeder für sich zum Wohl der Tiere und des Artenschutzes beitragen könnte, völlig übersehen?

Nur am Rande bemerkt: Auch kleine „billige" Agas sind Lebewesen, die lieben und leiden können. Das sieht man besonders dann, wenn sie krank werden, um ihr Leben kämpfen und wenn der Partner anschließend trauert.

3. Der Sonnengott

21-12-2004

Wichtiger Hinweis: Es wird hier eine Weihnachtsüberraschung geben ... also nicht einfach in die Ferien verschwinden. Es wäre doch zu schade, wenn Ihr sie verpasst ... oooooder????? Ich werde Euch nach und nach Hinweise auf das Paket geben. Vielleicht kann ja einer von Euch erraten, was es sein könnte. ☺

22-12-2004

Es gibt ein großes und ein kleines Paket.
Man könnte natürlich mutmaßen, dass das kleine Paket Jazz-Größe haben könnte. Aber es gibt auch viele andere Dinge, die in so ein kleines Päckchen hineinpassen könnten ... und ob das große Paket wirklich Scarlett-Größe hat????
Daniel, die Pakete haben keine Verschick-Verpackungen ... nicht, dass Du enttäuscht bist, wenn Scarlett nicht unterm Weihnachtsbaum liegt. ☺
... und die Päckchen bitte vor Weihnachten nicht schütteln und nicht draufsetzen!!!

Abgesehen davon: Pünktlich zu Weihnachten kann Lisa jetzt auf die Deckensitze fliegen. Ihre Koordination ist zwar noch zu holprig fürs Tropenhaus, aber immerhin. Außerdem muss sie ihrer Freundin Flores Gesellschaft leisten, die noch nicht ganz so weit ist, obwohl sie es gestern völlig planlos bis auf zwei Meter Höhe in einen Vorhang geschafft hat.

Oscarine setzt ihre Kampfangriffe auf mich fort, wenn ich mit Jack schmuse (dichtes Haar schützt so gut wie Federn – finde ich), aber Scarlett und Poldi rasen sofort zu meiner Hilfe. Auch mit Jack ist im Moment nicht gut Kirschenessen. Er geht vom kuscheligem Ich-bin-ein-kleines-Baby-Modus fast ohne Vorwarnung in den Ich-bin-ein-gefährlicher-Macho-Modus über. Aua! So eine Phase hatten wir mit eineinhalb Jahren schon einmal. Auch dieses Mal werden wir es überstehen.

Gestern habe ich ihn kurzerhand in eine Decke gewickelt und zum Abkühlen ins Badezimmer gesetzt, wie man es mit einem kleinen Kind machen würde. Anschließend war er ganz brav und hat noch nicht einmal geschmollt (dazu tendiert er nämlich sonst sehr, wenn es nicht nach seinem Kopf geht – der kleine Stinker).

Dafür ist Scarlett im Moment die Schmusedame in Person. Sie kuschelt sich eng an mich und lässt sich genüsslich stundenlang überall durchknautschen.

Poldi wiederum ist mir gegenüber auch sehr, sehr kuschelig, verjagt aber alles was sich sonst noch Schulter, Kopf, Rücken teilen will. Nur vor den großen Aras hat sie Respekt. Mit

Jazz und Timmy kommt sie toll klar. Die Grauen hingegen flüchten sofort, wenn sie angerückt kommt. Wir lernen jetzt „Poldi – lieb sein". Und ein wenig hat sie es schon kapiert, von den Grauen wieder abzurücken.

Streitet sie, wird ihr Sitzast (ich ☺) von heftigen Windböen erfasst. Diese werden immer heftiger. Aber sie lernt auch zunehmend, mit sich schüttelnden Ästen klarzukommen. Wie ein kleines Cowgirl klammert sie sich an mir fest. Ich fühle mich dann wie der Baum, von dem alle Blätter abgeschüttelt wurden und an dem noch immer der einzelne Apfel hängt. Ihr werde ich als Nächstes beibringen, still auf einem Tisch zu sitzen, während ich ihre Bürzeldrüsen-Zyste befummele, denn die werde ich wohl demnächst ausräumen müssen.

Ansonsten freue ich mich, berichten zu dürfen, dass ich seit drei Tagen wieder in einem richtigen Bett schlafe, nach Monaten (seit April!) auf der Luftmatratze. Leider ist jetzt allerdings die Wand oberhalb des Bettes klitschnass geworden und muss aufgebrochen werden, um zu schauen wo das Problem herrührt. <heul> Sch … Baustelle!!!

Ahhh … ich denke, das Geheimnis könnte Heiligabend gelüftet werden. ☺

Das ist natürlich ungünstig, dass Deine Oma keinen Internet-Anschluss hat. Das Leben ist hart. ☺

Also, das erste Paket ist rot, kommt durcheinander, wenn man es schüttelt und geht kaputt, wenn man sich draufsetzt ...

Ähhh ... nein. Die Idee ist zwar sehr kreativ. Aber es ist kein rohes, rotgefärbtes Osterei????

23-12-2004
Das ist richtig. Ich halte keine Einzelvögel. Aber ich kann auch nicht zaubern. Und wenn man so ein Tierchen bekommt, muss man auch erst einmal sehen, dass es gesund wird, ehe man ihm einen Partner sucht, gell? Apropos: Polly sucht noch!!!
Wer mag als Nächstes Fragen stellen?

Bingo! Volle Punktzahl für Heiko. Es ist ein Rotohrara.
Daniel war auch drauf gekommen, aber wer sich nicht outen will, muss sich halt mit Eigenlob zufrieden geben.
Unser „Goldstück" hat ein Riesenloch am Kopf und ist noch bei meiner Tierärztin. Morgen Vormittag hole ich ihn, da die Praxis über Weihnachten nicht besetzt ist. Deswegen „Weihnachtspäckchen".
Bei mir wird er erst einmal in Quarantäne sein, zumindest bis die Testergebnisse zurückkommen. Außerdem kann er derzeit nicht fliegen, kann also nicht ins Tropenhaus.

Aber da müssen wir einfach mal schauen, wie wir das auf Dauer machen.

Seine Abholung war auch ein richtiges Abenteuer. Aufgrund der großen Entfernung hatten der Pflegevater und ich uns darauf geeinigt, uns auf halbem Wege auf einem Autobahnparkplatz zu treffen. Dabei habe ich mir erst einmal nichts gedacht. Als ich aber – es war schon dunkel – dort ankam, war von dem Vogel keine Spur zu sehen. Der Mann war in einem normalen Auto – also kein Kombi oder so – gefahren. Da wurde mir doch ein wenig mulmig. Aber, was sollte ich machen? Ich konnte ja schlecht einfach wieder wegfahren. Ich also aus dem Auto und gefragt, wo der Vogel sei.
Ich war wirklich fassungslos, als er die Transportbox aus dem Kofferraum holte. Stellt Euch vor, er hatte das schwerverletzte Tier allen Ernstes im Kofferraum transportiert, und das bei diesen Temperaturen. Dann stand er mit der Transportbox im pfeifenden Wind und wollte auch noch Smalltalk machen. Ich habe ihm dann recht deutlich zu verstehen gegeben, dass das Tier erst einmal in mein warmes Auto gesetzt werden würde.
Papiere hatte er auch keine dabei. Nichts, was den Vogel in irgendeiner Weise legitimieren würde, falls ich von einer Kontrolle angehalten werden würde. Bei CITES-Anhang-I-Tieren kann das heikel sein. Na super. Als wir uns dann endlich verabschiedet hatten – die Zeit kam mir ewig vor …

war sie vermutlich gar nicht – versuchte ich, mir den Vogel in der Box ein wenig genauer anzuschauen ... und war so geschockt, dass ich sofort meine Tierärztin anrief, sie solle die Praxis offenhalten bis ich da wäre. Dazu hat die tierliebe Frau sich auch sofort bereiterklärt.
Bei der Tierärztin angekommen, haben wir ihn erst einmal aus der Box geholt und konnten unseren Augen kaum trauen. Der Vogel war in einem solch desolaten Zustand. Die Wirklichkeit war schlimmer als jedes Bild. Ich hatte vorab Bilder von ihm gesehen – aber als ich ihn dann live sah, meine Güte. Die Tierärztin und ich standen beide mit Tränen in den Augen und Wut im Bauch da. Man hat ja schon so einiges gesehen. Aber das war echt schlimm.
Der Vogel hat ein riesengroßes – ungefähr fünf Zentimeter großes – entzündetes Loch im Kopf. Er befand sich außerdem generell in einem sehr schlechten und verlotterten Zustand. Ich darf leider derzeit noch nichts Genaues darüber sagen, wo er herkommt, weil noch andere betroffen sind. So viel sei gesagt – das Geld für den Tierarzt hat gefehlt, und der Amtstierarzt hat ihn dort rausgeholt und bei einem lieben Menschen „zwischengeparkt", der ihn an mich vermittelt hat. Dort war er drei Wochen lang, wurde aber aus mir unerklärlich Gründen in der Zeit auch nicht medizinisch versorgt.
Die Tierärztin hat ihn komplett untersucht und alle erforderlichen Proben für die verschiedenen Tests genommen. Bis die Testergebnisse zurückkommen, dauert es allerdings noch ein bisschen. Aber von den Untersuchungen vorab konnte man schon Einiges sehen. Der Ara kann nicht

fliegen, und ein Flügel hängt ein wenig. Auf dem Röntgenbild konnte man sehen, dass der Abstand in dem betroffenen Schultergelenk größer ist als in dem anderen. Vermutlich ist es eine alte Verletzung.
Lunge und Luftsäcke sind komplett verschattet. Sein Hauptfutter bestand wohl aus Erdnüssen. Dafür bekommt er jetzt ein Pilzmittel. Die Entzündung am Kopf wird jetzt mit einem Antibiotikum behandelt.
Außerdem ist die Leber etwas vergrößert, was bei der schweren Aspergillose sicherlich kein Wunder ist. Alles andere sehen wir dann. Ich hoffe, die Labors beeilen sich – trotz der Feiertage.

Rotohraras sind in der freien Wildbahn super selten. Ich kenne in den USA einen Züchter von „Red fronted Macaws" und dachte, sie sind recht häufig, so wie er erzählt.
Als ich dann recherchierte, sah die Geschichte schon ganz anders aus. Sie sind CITES-Anhang-1-Tiere. In der freien Wildbahn gibt es nicht mehr viele, aber die Schätzungen variieren extrem. Bis in die 70er-Jahre dachte man sogar, sie seien ausgestorben. Mittlerweile soll man aber recht erfolgreich mit Nachzuchten sein.
Wenn man Lee, den Züchter, so reden hört, dann sind diese Tiere die tollsten aller Aras, ja, Papageien schlechthin ☺ ... freundlich, witzig, leise usw. Ist ja klar, dass er völlig in seine Tiere vernarrt ist. Alles andere sollte einen auch wundern.

24-12-2004
Hallo Ihr Lieben! Heute war ein langer Tag: Am Vormittag habe ich „Herbie", so haben sie ihn bei der Tierärztin genannt, weil sie nicht immer „Hey Du" sagen wollten, aus der Praxis abgeholt. Die Tierärztin war so nett und hat mir alle Medikamente für ihn gespendet. Noch auf dem Rückweg rief sie an, weil ein paar Testergebnisse gerade angekommen waren. Herbie ist in der Tat ein Hahn. Die Chlamydien- und PBFD-Tests sind negativ ausgefallen. <freu>
Zuhause angekommen, habe ich „Herbie" erst einmal im Quarantäneraum in einen Kranken-Käfig gesetzt, da er noch zwei Wochen inhalieren muss und es viel zu stressig wäre, ihn jedes Mal zu fangen. Dort habe ich ihm sein Wasser hingestellt und seine Körner. Das war so ungefähr das Einzige, was er beim Tierarzt gefressen hat, außer Apfelstückchen.
Dann habe ich alles wieder rausgenommen und ihn erst einmal geduscht ... es hilft ungemein, wenn man zuerst nachdenkt ... <räusper> Dann habe ich ihm alles wieder reingestellt und ihm ein paar Erdnüsse mit der Hand gegeben, die er, trotz offensichtlicher Angst, genommen hat.
Am Abend habe ich ihm, wie allen anderen, eine Schale Nüsse gegeben. Als ich später checkte, konnte ich sehen, dass er alle Sorten probiert und auch ordentlich zugeschlagen hat, obwohl die Körner genau daneben standen. Gut! Denn Körner und Nüsse werden die nächsten Tage noch sein Hauptnahrungsmittel sein, damit er schön sein Trinkwasser mit dem Medikament trinkt.
Die Infektion der Kopfwunde ist mittlerweile stark zurückgegangen, und die Wunde verheilt gut.

25-12-2004

Frohe Weihnachten Euch allen! Herbie hat die Nacht gut verbracht. Heute Morgen habe ich ihn wieder geduscht. Das fand er nicht soooo klasse, hat es aber geduldet. Außer den Nüssen hat er heute auch Weintrauben, Äpfel und Birnen probiert. Das Rührei, in dem unter anderem Tomaten und Paprika versteckt waren, hat er nicht angerührt. Auch gut. Davon bekommt man (Papagei) eh nur Gicht.

Oscarine hat mich heute Morgen zum ersten Mal im Bett besucht. Sie ist auch zusammen mit Jack ganz dicht herangekommen, ehe sie beschloss, dass das Bett gruselig ist, und doch lieber auf meinem Kopf landete.

Dort hat sie versucht, meinem Haar den Garaus zu machen. Ist ja auch grässliches Zeug – Haare … noch nicht einmal grün oder rot … ☺

Poldi hat heute Morgen – auch auf dem Bett – längere Zeit auf Berry abgehangen und war auch sehr lieb und hat nicht gezwickt. Berry nahm's gelassen und versuchte, ihre morgendlichen Streckübungen halt mit Sittich auf dem Buckel durchzuführen.

Da alle Geier mittlerweile gelernt haben, im Dachgeschoss durch die Vorhänge zu krabbeln und ins Erdgeschoss herunter zu kommen, was ich nicht immer möchte, habe ich jetzt die Vorhangbahnen zusammengenäht und die Öffnung mit Klettband verschlossen. Bin im Stoff fast ertrunken …

Mal schaun, wie lange es dauert, bis sie raushaben, wie das funktioniert. Andererseits ist es soooo süß, wenn Jack und Scarlett die Geländer herunterrutschen … ☺

Feiert noch schön!

Wie findet Ihr „Inti" als Namen? Er ist der Sonnengott der Inkas. „Herbie" hat so unglaublich schöne, leuchtend orange Federn an den Schultern. Sie gleißen wie Feuer. Deshalb suche ich einen Namen, der mit Feuer zu tun hat. Fuego finde ich ein bisschen harsch. Und da Bolivien an Peru grenzt und die Inka auch dort geherrscht haben.
Nun ja – wie findet Ihr's? Inka ist als Name schon vergeben – ein Hyazinthara von Bekannten von mir heißt so.
Oder „Noel", weil er Weihnachten hierher kam.
Sonst noch gute Ideen?

Auf Deine Frage, ob sich Aras auch nur eine Bezugsperson suchen oder ob das von Tier zu Tier verschieden ist, würde ich antworten, dass man das zurückbekommt, was man reinsteckt.
Es wird oft so formuliert, als ob das Tier sich völlig grundlos eine Bezugsperson ausgesucht hätte. Doch wenn man anfängt, Fragen zu stellen, ist es meist die Person, die sich am positivsten um das Tier kümmert.
Ich sage bewusst am positivsten und nicht am meisten! Denn oft höre ich: „Aber ich bin doch den ganzen Tag zu Hause", „… füttere", … putze den Käfig" usw. Aber das ist dem Tier, ehrlich gesagt, wurscht. Es wird den- oder diejenigen am Tollsten finden, mit denen es am meisten Spaß hat. Das sind oft diejenigen Personen, die es am wenigsten bedrängen.

Meist ist es doch so, dass die Menschen sich ihre Tiere irgendwie aufteilen. Und derjenige, der das Tier wollte, will unbedingt mit dem Tier eine Beziehung aufbauen und bedrängt es dabei so arg, dass der Vogel nur noch auf der Flucht ist. Das wird dann fälschlicherweise so interpretiert, dass das Tier nur eine Bezugsperson möchte oder ein „Männer"- oder „Frauenvogel" ist. Das ist natürlich völliger Blödsinn. Wenn ich mir die Tiere in meinem Schwarm anschaue, haben sie fast alle mehr als eine „Bezugsperson".
Da wäre zum einen ihr Partner. Dann haben sie zusätzlich oft noch eine Freundschaft mit mindestens einem der anderen Papageien. Und dann haben sie noch eine Beziehung mit mir. Das wären also schon mal drei Personen, mit denen eine innige Beziehung gepflegt wird. Außerdem wandeln sich die Beziehungen. Wer heute noch dick befreundet ist, muss es morgen gar nicht mehr sein.

26-12-2004
Der Name Apollo erinnert mich an die zwei Dobis bei Magnum P.I. – „Zeus, Apollo – fass" oder so ähnlich. <lach>
Helios und Vulcanus klingen nicht so schön, oder? Aber die Richtung ist die Richtige … allerdings – geografisch mehr Richtung Südamerika als altes Europa … wenn's geht.

Das kleine Paket enthält (hoffentlich) eine neue Partnerin für Jazz – ein kleines Pfirsichköpfchen.

Die kleine Dame kommt am Dienstag zum Tierarzt wegen aller Tests. Wenn das alles in Ordnung ist, müssen wir schaun, wie wir sie herbekommen. Sie wohnt leider recht weit weg. Aber daran soll es ja nun nicht scheitern, gell?

Wenn das mit dieser Partnerin klappt, dann bleibt Jazz hier. <freu> Wenn nicht, dann muss ich halt weiterhin suchen – entweder nach einer Partnerin oder nach einem neuen Zuhause.

27-12-2004

Heute hatten wir Besuch. Es war wie in einer Seifenoper, mit Liebe, Lust und Eifersucht. Scarlett schmiss sich schamlos an einen der Männer heran, der ihr auch sofort verfiel. Polly gab dessen Partnerin laut kreischend Beziehungstipps, während sie kosmetische <aua> Behandlungen an ihr durchführte. Habe so gelacht. Die anderen machten sich übers Buffet her und ließen anderer Leute Dramen Dramen sein.

Damit die Tiere an den Ketten nicht bis an die Decke hockklettern und die Halterungen benagen, habe ich ein großes Kunststoffabflussrohr vom Rohbauer über die Kette gefädelt. Dieses wird mit einer selbsterfundenen Konstruktion ganz nach oben unter die Decke gezogen. Irgendwie scheint dieses Rohr knabberfest zu sein. Der Durchmesser ist groß genug, dass sie sich daran nicht festhalten können. Es funktioniert auch. Nur haben die lieben Kleinen leider x andere Wege gefunden, um dahin zu kommen.

Suche derzeit Industriekletterer, um die Oberlichtgitter abzusichern. Ein Gerüst zu stellen ist wahnsinnig teuer.

Mario, Du beschwerst Dich, dass Du von meinen „lieben" Monstern gejagt und gebissen wirst, sie mit anderen Gästen hingegen so nett und lieb sind??

Die Antwort ist ganz einfach. Sie haben die Tiere nicht bedrängt, sondern gewartet bis sie freiwillig zu ihnen kamen. Bis dahin haben sie sie mehr oder weniger ignoriert. Anfassen wollen funktioniert nicht. Das habe ich Dir mehrfach gesagt, aber Du wolltest ja nicht auf mich hören. Angrapschen wird (wie Du selbst erleben konntest) sehr, sehr übel genommen.

Better luck next time …

Lily rupft sich leider immer noch. Mit meiner angehenden Bambusplantage habe ich auch kein Glück. Von 150 Samen und drei geschlüpften Halmen haben bislang zwei überlebt. <seufz> Ein Kollege von mir hat es auch probiert. Bei ihm ist kein einziger geschlüpft. Ich vermute, die Samen waren zu alt.

Noch was: Inti ist auch Polyoma-frei. Jetzt muss nur noch Pacheco getestet werden. Das geht leider erst im neuen Jahr, da alle Labore geschlossen sind. So lange also noch

Quarantäne. Außerdem muss er im Moment ohnehin noch täglich inhalieren und auch sonst richtig gesund werden. Die Wunden heilen aber ganz gut, meine ich.

Seinen Zwischenkäfig – bis zur Eingliederung – haben wir heute schon mal im Wohnzimmer aufgebaut. Hoffen wir, dass er dort bald einziehen kann, und dass er ihn nicht allzulange benötigt.

28-12-2004
Inti mag es, angesungen zu werden. Ja lacht ruhig. Er hockt sich hin, plustert seine Federn auf und klappert mit dem Schnabel. Und die Augen? Ohhhh, die Augen … <lach> Favoriten sind „Freude schöner Götterfunken" und „New York, New York".

Nicht nur Inti kann, glaube ich, ein besseres Jahr wie das letzte gebrauchen!! Es gibt sooo viele Leute, die das letzte Jahr am liebsten abhaken möchten, so schrecklich war es, erzählen sie mir.

Das mit den Schwanzfedern ist so eine Sache bei Aras. Sie brechen furchtbar leicht ab. Jack und Scarlett habe ich beide ohne bekommen. Aber glücklicherweise wachsen sie recht schnell wieder nach.

Übrigens – ich habe sie entlarvt … Scarlett war im früheren Leben ein Piranha.
Ihr kennt doch sicherlich alle die Reportagen, in denen einem Piranha ein Bleistift hingehalten wird?
Nun, ich hatte eben meine Haare so auf die Schnelle mit einem Bleistift hochgesteckt, der natürlich sofort geklaut wurde – in einer Gemeinschaftsaktion vom roten Terror-Team … Scarlett hat, genau wie ein Piranha, ein Zentimeter große Stücke abgeschnipselt …
Gute Nachrichten: Es sieht so aus, als ob ich für Polly einen Partner gefunden habe – ein 13 Jahre altes Blaustirnsittich-Männchen. Leider habe ich nur einen Quarantäne-Raum, sodass ich ihn erst abholen kann, wenn Inti klar ist.

29-12-2004
Irgendwie hatte ich Deine Frage übersehen – sorry. Ein Chemogram ist kein Virentest. Meine größte Angst ist, dass ich hier einen Virus einschleppen könnte.

Kurze Meldung: Für das „kleine Paket" kamen die Testergebnisse negativ zurück. Wir suchen jetzt nach einer Transportmöglichkeit von Hof nach Frankfurt beziehungsweise Wiesbaden. Wir würden uns auch schon über Teilstrecken freuen.
Inti lässt sich beim Duschen, aber auch nur dann, am Rücken streicheln. Listig, gell?

Eigentlich macht er sich, den Umständen entsprechend, ganz gut. Er hat heute zum ersten Mal ein bisschen Banane probiert und eine halbe Walnuss gefressen. Ansonsten ist seine Hauptbeschäftigung immer noch, die Sonnenblumenkerne aus der Körnermischung herauszusuchen.
Knabbern tut er gar nicht. Ich habe jetzt eine Knabberstange in seinen Käfig gehängt. Zumindest sind da so viele Sonnenblumenkerne dran, dass ich Hoffnung habe, dass er es mal versucht, dran zu knabbern.

01-01-2005
Also, wir haben super gemütlich gefeiert.
Als es anfing, so richtig loszuböllern, bin ich ins Tropenhaus gegangen, in dem man das Feuerwerk ob des ganzen Glases sehr gut sehen konnte. Ich hatte mir ja schon ein wenig Sorgen gemacht, dass die Riesenpanik ausbrechen würde, weil man im Glashaus nun nicht wirklich geschützt ist, sondern alles mitbekommt. Es ist ja fast so, als ob man draußen stünde.
Aber gerührt hat sich eigentlich nur Jack, der mit „High five" und „Kuckuck" und „I love you" das Schauspiel von seinem Logenplatz im oberen Fenster kommentierte. Die anderen haben geschlafen.
Dann bin ich auf die Galerie im Dachgeschoss gegangen in der Hoffnung das Feuerwerk von dort besser sehen zu können. Dort sind dann Jack und Scarlett zu mir geflogen. So saß also Jack auf meiner Schulter, Lily, die schon (wortwörtlich) zu Bett gegangen war, ist auf meine andere Schulter gekrochen,

und Scarlett hat sich in meine Arme gekuschelt. Die Hunde lagen hinter mir auf dem Bett. So haben wir gemeinsam den Rest des Feuerwerks angeschaut. Saugemütlich!

04-01-2005

Bitte entschuldigt den Nachrichtenmangel. Ich war die letzten Tage am Rotieren. Gestern bin ich um 22:30 Uhr endlich dazu gekommen, was zu essen. <seufz>
Hier die letzten Neuigkeiten:
Inti setzt sich beim Inhalieren brav direkt vor den Vernebler, um ja keine Brise des Medikamentennebels zu verpassen. <freu>
Mit ihm war ich heute nochmal bei der Tierärztin. Die Wunde am Kopf heilt gut, auch wenn der Schädel arg eingedrückt aussieht. Aber da knirscht und bewegt sich nichts, sodass wir es einfach in Ruhe lassen. Wir haben heute nochmal Tupfer und Blutproben genommen, um die Tests für Pacheco nachzuholen, die wir wegen der Feiertage nicht machen konnten. Also Jungs und Mädels – schön weiter Daumen drücken.
Ein lieber Forenleser hat mir zum Geburtstag den Transport für das kleine Paket geschenkt. Er fährt bei nächster Gelegenheit nach Hof und bringt sie mir. Hier noch einmal ein ganz herzliches Danke dafür!
Außerdem hat eine liebe Forenleserin (hatte ich das schon erzählt???) endlich einen Partner für Polly aufgetrieben. Er ist 13 Jahre jung, also im besten Alter für sie, und wohnt auch gar nicht soweit weg. Sobald der Quarantäneraum

wieder frei ist, hole ich ihn ab. Auch an sie ein dickes Dankeschön. Also, langweilig wird es hier immer noch nicht.

05-01-2005
Bald ist mein Tropenhaus voll: Oscarine und Inti bekommen noch Partner. Dann möchte ich gerne noch ein oder zwei Paar großer Aras aufnehmen für das Schwarmgefühl. Das wär's dann.
Pacheco ist eine wirklich ekelhafte Erkrankung. Oft weiß man nicht, ob ein Tier Virenträger ist. Nimmt man es in den Schwarm auf und die Krankheit bricht aus, kann der ganze Bestand möglicherweise innerhalb von ein bis zwei Tagen tot sein.
Nicht jedes Tier erkrankt akut. Es kann dem Virus mal ausgesetzt worden und nicht erkrankt sein. Dann kann es Virenausscheider werden, insbesondere in Stresssituationen. Der Nachweis der Viren ist schwierig, teuer und nicht sicher. Am besten testet man mehreres, Rachentupfer, Kloaken Tupfer und Blutserum. Je nachdem, wo man den Test durchführen lässt, werden bis zu zwei Milliliter Serum, entsprechend ungefähr vier Milliliter Blut, benötigt. Das soll zwar eventuell der bessere Test sein, aber so ein kleines Tier kann damit in Lebensgefahr gebracht werden. Also haben wir uns für die Tupfer und den Laboklin-Test entschieden, für den man nur 0,4 Milliliter Blut benötigt für 0,2 Milliliter Serum. Bei dem kleinen Aga wird man es nur über Tupfer machen können, da 0,4 Milliliter Blut für so einen kleinen Pieper nicht tragbar sind.

07-01-2005
Gar nicht dumm …

Darf stolz berichten, dass Scarlett soeben etwas Neues gelernt hat: Sie fliegt eine der Sprossen an der Tür, die Tropenhaus vom Wohnhaus trennt, an. Dann hangelt sie sich vooorsichtig zur Türklinke runter. Dass man von dort sofort herunter katapultiert wird, wenn man es zu hastig macht, hatte sie nach dem ersten Versuch raus. Also vorsichtig zur Türklinke, draufsetzen und Gewicht verlagern. Dann wird's knifflig. Laaaaangsam, damit man nicht runterflutscht, die Tür mit dem Schnabel aufschieben.

Kurz verschnaufen. Dann Gewicht verlagern, bis man mit dem linken Fuß auf dem Drehteil der Türklinke sitzt, strecken, sich um die Tür biegen, und mit dem Schnabel die Klinke auf der Rückseite der Tür greifen.

Nun beherzt mit Flügelschlag den ganzen Körper herumschwingen, mit dem freigewordenen rechten Fuß zugreifen, und schon sitzt man (ähhh Vogel) auf der anderen Seite der Tür. Dann kann man sich gemütlich nach guten Anflugmöglichkeiten umschauen, oder auch einfach von „Muttern" abholen lassen …

Na super … für die Tür gibt es (noch!) keinen Schlüssel …

Öhmmmm … wie meinst Du denn das mit dem Türgriff umdrehen? Das musst Du mir mal zeigen …

Auch wenn Scarlett eventuell rausfinden könnte, wie man Türen mit einem Schlüssel auf und zu machen kann … Der

Schlüssel steckt von außen und kann sogar abgezogen werden. Gemeiiiin!!!! ☺ ☺ ☺

Das Problem bei Pacheco sind nicht die akut kranken Tiere, sondern diejenigen, die mit dem Virus in Kontakt kamen, völlig gesund wirken, aber Virenausscheider sind, die wiederum andere Tiere anstecken.
Es tut mir so leid für Euch.

Ja, auch die anderen Virenerkrankungen sind gefährlich. Bitte riskiert nicht die Gesundheit oder sogar das Leben Eurer Tiere. Testet gründlich und haltet eine angemessene Quarantäne ein, bevor Ihr Tiere aufnehmt!

4. Aga-Looove

08-01-2005

Heute um 13:45 Uhr ist das kleine Paket losgefahren … <freu> Bin mal gespannt, wann die kleine Aga-Dame hier ankommt.

Gerade wurde das kleine Paket hier abgeliefert. Wir haben die Süße erst einmal mitsamt ihrer kleinen Nistbox in einen Quarantänekäfig gesetzt. Jetzt lassen wir sie erst einmal schlafen. Sie ist sicherlich müde.
Derzeit befindet sie sich im Gästezimmer, von dessen gemütlichem Sofa die Hunde verbannt wurden, damit sie keinen Herzkasper bekommt.
Eigentlich heißt sie Timmy, aber da hier schon ein Timmy sitzt, habe ich die „Neue" kurzerhand in „Peaches" umgetauft.
Inti, der noch immer das Quarantäne-Zimmer beschlagnahmt, ist zwischenzeitlich aus seinem Käfig ausgebüchst, den ich heute nicht verriegelt hatte. Eigentlich erstaunlich. Bislang hat er selbst bei vollständig geöffnetem Käfig

keinerlei Anstalten gemacht, denselben zu verlassen. Ist ja eigentlich ein gutes Zeichen, wenn er anfängt „seine" Welt zu erkunden!

Ich predige hier seit Jahren bezüglich Ankaufsuntersuchungen und Quarantäne. Meine Worte, so scheint es, treffen jedoch viel zu oft auf taube Ohren.
Wenn ich dann lese, dass Leute ihr Tier zum Verpaaren in eine Gruppe (egal ob Abgabestation, Züchter oder sonstwohin) geben wollen, könnte ich schreien. Und wenn dann einige Zeit später die so verpaarten Tiere erkranken, dahinsiechen und sterben, sind alle sooooo traurig. Ich könnte jedes Mal aus Frust losheulen.
Aufklärung ist nötig. Meines Erachtens sollten Züchter und Zoofachhandel dafür die Verantwortung tragen. Aber gerade die sind es oft, die überhaupt nicht dazu beitragen, die Käufer korrekt zu informieren, sei es bezüglich Krankheiten, Haltungsbedingungen oder Aufzuchtweisen. Mir scheint, sie wollen halt nur Geld verdienen und nach ihnen die Sintflut.
Meinen ersten Großpapagei, Hector, habe ich noch in den USA gekauft. Und obwohl ich mit vielen Aspekten der Tierhaltung dort völlig auf dem Kriegsfuß stehe, war die Betreuung durch die Zoohandlung einmalig. Das habe ich in Deutschland noch nie erlebt. Zum einen habe ich beim ersten Besuch das Tier nicht mitbekommen. Ich möchte betonen, dass dies in einem Ladengeschäft mitten in Manhattan

war – von wegen Laufkundschaft und so! Stattdessen wurde man dazu ermuntert, das Tier, das man sich ausgesucht hatte, so oft es ging bis zur Futterfestigkeit zu besuchen (ja, leider, leider Handaufzucht). Das habe ich zwei Wochen lang täglich gemacht.

Bei mir tickte die Uhr, da ich mitten im Umzug nach Deutschland steckte. Aber sie weigerten sich, mir das Tier mitzugeben, wenn es nicht hundertprozentig futterfest wäre. Lieber hätten sie auf das viele Geld verzichtet – immerhin 1600 Dollar für einen schnöden Grauen.

Im Kaufpreis enthalten waren: die Transportbox, zwei schöne Spielzeuge und Futter für die nächsten zwei Monate plus „Gebrauchsanleitung". Sie erklärten mir auch, wie ich das Tier dazu bringen würde, auf die Hand zu steigen und stubenrein zu werden.

Außerdem wurde ich mehrfach dazu aufgefordert bzw. daran erinnert, das Tier sofort nach Kauf einem vogelkundigen Tierarzt vorzustellen und es komplett untersuchen zu lassen. Zu diesem Zweck gaben sie mir einen Zettel mit Name und Anschrift von zwei Geflügeltierärzten.

Im Vergleich hierzu bin ich bei den meisten Züchtern und Zooläden hier (bis auf seltene rühmliche Ausnahmen) eher auf Erstaunen bis Ablehnung gestoßen, als sie hörten, dass ich vor hatte, das Tier einer kompletten Ankaufsuntersuchung zu unterziehen. Futter habe ich, wenn überhaupt, nur nach nachdrücklichem Wunsch von mir mitbekommen.

Keiner, aber auch keiner hat mich je über die Minimumhaltungsbedingungen aufgeklärt, mir einen Vortrag über Paarhaltung gehalten oder mich gar gefragt, wie die Tiere

bei mir untergebracht sein würden (bis auf eine Ausnahme bezüglich der Unterbringung).
Der Zooladen in Manhattan war hingegen informiert über die Haltungserfordernisse in Deutschland (!) und wies mich darauf vor dem Kauf hin, als ich ihnen erzählte, dass der Umzug nach Deutschland anstand. Wieso kriegen das dann die Deutschen nicht hin? Hier muss sich noch vieles ändern.

09-01-2005
Die Ringnummer aufzuschreiben war wirklich geistesgegenwärtig von Euch. Danke.
Heute Morgen, als die kleine Agapornidendame endlich ihre Nist- bzw. Transportbox verließ, habe ich festgestellt, dass sie gar kein Pfirsichköpfchen, sondern ein Schwarzköpfchen ist. Da habe ich auf dem Bild schlecht hingeguckt. Ich hoffe, sie mögen sich trotzdem. Aladdinchen war ja auch ein (blaues allerdings) Schwarzköpfchen. Der Name Peaches passt dann wohl doch nicht. Jetzt fängt die leidige Namenssuche wieder an. Sie ist außerdem leider völlig panisch, wenn man nur das Zimmer betritt. Ich hoffe, das gibt sich mit der Zeit, die Arme.

Die Biester können Gedanken lesen. Ich trau mich schon gar nicht mehr, irgendetwas zu behaupten, weil sie mich sofort Lügen strafen. Wie zum Beispiel das Mal, als ich stolz erzählte, dass meine Papageien keine Kabelbinder durchbeißen und ich mit diesen alle Zweige befestigt hätte. An demselben Tag komme ich nach Hause, und mein gesamtes Vogelzimmer, jeder Ast, jedes Spielzeug, einfach alles, liegt am Boden, weil die „lieben Kleinen" jeden einzelnen Kabelbinder durchgebissen hatten. <seufz>

10-01-2005
Bei Inti warte ich noch immer auf die Ergebnisse der Pacheco-Tests. Leider kann das dauern. Nachdem er seinen Käfig verlassen hat und jetzt im Quarantäneraum außerhalb des Käfigs lebt, hat er gestern zum allerersten Mal angefangen zu knabbern. Er hat von einem der Äste, die ich ihm hingestellt habe, mehrere kleine Späne abgebissen. Zumindest mal ein Anfang.
Lisa ist schon vor Weihnachten soweit gewesen, dass sie eines Tages ins Tropenhaus flog. Und das war's. Leider sitzt Flores jetzt erst einmal wieder alleine da. Lisa kommt an manchen Tagen zu Besuch, und dann balzen die beiden wie die Blöden miteinander herum.
Bei Flores entwickelt sich die Fähigkeit zu Fliegen allmählich, aber die Koordination ist noch immer ein Desaster – nur Bruchlandungen. Bin mal gespannt, wann sie soweit ist, ins Tropenhaus zu fliegen. Im Moment ist es noch zu stressig für sie, da sie den anderen nicht ausweichen kann.

12-01-2005
Lisa ist mir heute zum ersten Mal auf die Hand geflogen!

13-01-2005
Ja! Genau die! Die kleine Ängstliche.
Und heute Morgen hat sie sich sogar ein bisschen am Rücken streicheln lassen. Klasse, oder?
Inti streichle ich übrigens zwischenzeitlich mit einem Tannenzweiglein oder puste ihn ganz sanft an.
Er plustert sich und fühlt sich dabei scheinbar ganz wohl. Aber ab und zu denkt er sich, „was geschieht denn hier" und nagelt das arme Zweiglein …

Ja, für Überaschungen sind sie immer gut. Leider auch manchmal für negative.
Habe heute Abend versucht, Jazz und Timmy II, der neue Name fehlt noch, zusammenzuführen.
Ein gestriger Versuch im Tropenhaus ist ziemlich fehlgeschlagen. Jazz und Timmy II haben sich nicht gefunden. Dafür meinten alle anderen, die Neue begutachten zu müssen, die darauf sehr panisch reagierte. Heute habe ich es deshalb noch mal anders versucht.
Erst wurde Jazz mit viel List und Tücke aus dem Tropenhaus ins Wohnzimmer gelockt. Dann habe ich alle bis auf die Grauen, die sehr friedfertig sind, aus dem Wohnzimmer verbannt. Timmy II stand im Käfig auf dem Esstisch. Zuerst lief es ganz klasse: zwitscher, zwitscher, Jazz flog zum Käfig, sofort kam Timmy II an, und die beiden schnäbelten. Super, dachte ich, und öffnete den Käfig, damit Timmy II raus und sich von Jazz die Umgebung zeigen lassen konnte. Beide

flogen los. Auf einmal ging alles drunter und drüber. Wo sie auch landeten, wurden sie von den Grauen angegriffen.
Während ich Hector in Schach hielt, der Timmy II angriff, weil sie neu ist, dachte ich, landete Jazz bei Lisa. Er sitzt ja schon seit vier Jahren mit den Grauen und Aras zusammen, und sie haben ihm noch nie was getan. Doch die Situation war wohl zu stressig für alle, denke ich.
Timmy II hat nicht kapiert, dass Hector sie angriff, sondern wollte immer wieder zu ihm hin und kam gar nicht auf die Idee wegzufliegen. Also war meine Aufmerksamkeit bei ihnen, da ich Hector immer wieder sagen musste „weg da". Und so habe ich grad noch aus dem Augenwinkel gesehen, wie Jazz bei Lisa landete und diese zupackte, sodass sie Jazz am Genick hängen hatte. Mir ist fast das Herz stehen geblieben. Ich geschrieen, Lisa losgelassen, und Jazz flog los. Aber wie!
Er landete auf dem großen Käfig. Kaum, dass er gelandet war, fing er an sich eine Feder nach der anderen auszurupfen. So extrem habe ich das noch nie bei einem Vogel gesehen. Ich habe dann versucht, einen kühlen Kopf zu bewahren und habe erst einmal einen Grauen nach dem anderen genommen und ins Tropenhaus gesetzt.
Dann habe ich Jazz aus der Entfernung begutachtet. Leider hing ein Flügel komisch runter. Oh nein! Also Käscher geholt und den armen Kerl, der mit den Nerven ohnehin schon ziemlich fertig war, gefangen und zur Beobachtung in den Käfig gesetzt. Timmy IIs Nistbox habe ich auf den Käfig gestellt und auch etwas zu fressen in der Hoffnung, dass ich sie so wieder einfangen kann.

Erst einmal überlegte ich, was ich als Nächstes mache: Sofort zum Tierarzt fahren (wer weiß, wer Notdienst hat und wie kompetent der ist), beim Tierarzt anrufen und fragen, bis morgen warten und beobachten? Doch während ich noch überlegte, sah ich auf einmal Jazz OBEN (!) auf dem Käfig herumturnen. Das darf ja wohl nicht wahr sein, wie hat er das nur geschafft?
Denn immerhin ist das der Käfig, in dem Timmy II seit Samstag saß ohne auszubüchsen <stöhn>. Nun ja, Jazz saß also obendrauf und interessierte sich sehr fürs Futter. Timmy II kam dazu, und dann haben sie beide erst einmal gefressen. Anschließend flogen sie auf einen der Sitzäste, die hier von der Decke hängen, und das war's.
Da Jazz noch fliegen kann, hoffe ich, dass der Flügel nicht gebrochen ist, sondern nur ein wenig „angeschlagen". Außerdem konnte ich sehen, dass er in den Schwungfedern des Flügels eine ziemliche Lücke hat, was sicherlich dafür mit verantwortlich ist, dass er jetzt Schwierigkeiten beim Fliegen hat. Andererseits, dass der Flügel so hängt, gefällt mir gar nicht. Natürlich werde ich ihn schärfstens im Auge behalten, um ihn gegebenenfalls doch noch der Tierärztin vorzustellen.
Ein Problem bereitet mir allerdings noch die „Aufbewahrung". Ich kann sie ja schlecht den ganzen Tag unbeaufsichtigt mit den Hunden im gleichen Raum lassen. Snow und Berry haben sich in dem ganzen Durcheinander zwar vorbildlich benommen, obwohl die Kleinen ihnen direkt vor den Schnauzen gelandet sind, aber wie sie sich benehmen, wenn ich nicht da bin, weiß kein Mensch. Ehrlich gesagt,

möchte ich das auch gar nicht herausfinden. Andererseits steht das Einfangen der Agas außer Frage, denn ich müsste sie hetzen, bis sie beide am Boden sitzen. Für einen Tag hatten sie jedoch genug Stress, und ich habe Angst, dass ihre kleinen Herzen das nicht mitmachen.

Tja, jetzt stehe ich vor einem ziemlichen Dilemma. Im Moment schlafen sie, und ich habe den Käfig mit Futter präpariert in der Hoffnung, dass sie doch noch hineingehen. Aber eine Dauerlösung ist das ja auch nicht.

Ich glaube, ich gehe jetzt erst einmal heiß baden, um mich selbst wieder ein wenig zu entspannen. Was für ein schrecklicher Abend. Dann gehe ich auch schlafen. Vielleicht fällt mir ja im Traum was ein.

14-01-2005

Ja, es war wirklich nervenaufreibend. Ich hatte anschließend Halsschmerzen vom vielen Schreien.

Heute Morgen waren sie alle recht lieb. Timmy II kann es aber nicht sein lassen, zu Hector hin zu fliegen, der das mehr als doof findet. Warum macht sie das???? Und Lisa geht immer noch (allerdings mittlerweile eher halbherzig) auf Jazz los, der sich nicht die Mühe macht, wegzufliegen.

Jazz' Flügel hängt deutlich weniger als gestern. Es scheint also keine schlimme Verletzung zu sein. Aber die fehlenden Schwungfedern sind wirklich mühsam. Werde ihn natürlich weiterhin unter Beobachtung halten.

Ich habe die Agas leider nicht einfangen können und musste sie heute im Erdgeschoss lassen, während ich bei der Arbeit war. Die Hunde waren auch dort, und ich betete, dass nichts passierte. Für die Hunde hatte ich außerdem das Kindergitter an der Treppe ausnahmsweise offen gelassen. Ich hoffte, dass sie den Tag oben auf dem Sofa in der „Bibliothek" schlafend verbringen würden.

Als ich heute Abend nach Hause kam, gefiel mir Jazz überhaupt nicht. Er saß völlig schlapp da, und ich sah auch keinerlei Anzeichen, dass er heute gefressen hat.
Also habe ich ihn eingepackt, die Tierärztin überredet, die Praxis länger aufzuhalten, obwohl sie zu einer Fortbildung wollte, und los ging's.
Er hat einen riesen Bluterguss unter dem rechten Flügel und eine kleine Verletzung. Außerdem scheint er eine leichte Gehirnerschütterung zu haben. Wir haben ihm erst einmal eine Infusion gegeben, damit er wieder zu Kräften kommt und Antibiotika, damit der Flügel sich nicht entzündet (bekommt er noch acht Tage lang).
Zusätzlich bekommt er ein paar homöopathische Sachen für Trauma, die Gehirnerschütterung und damit der Bluterguss besser abheilt.
Ich werde ihn und Timmy II jetzt erst einmal eine Zeit im Käfig halten, bis Jazz wiederhergestellt ist.
Ach ja, während ich bei der Tierärztin war, kam das Fax durch, dass Intis Blutserum-Untersuchung für Pacheco negativ war. <freu>

Das Papageienparadies. Neue Geschichten aus der Vogelschule.

15-01-2005
Guten Morgen!
Jazz und Timmy II habe ich eben in einen gemeinsamen Käfig gesetzt. Jazz wirkt augenscheinlich sehr beruhigend auf Timmy. Sie hocken beide direkt hinter mir, ohne dass Timmy in ihrem Nistkasten verschwunden ist, in den sie die ganze letzte Woche sofort geflüchtet ist, wenn ich auch nur das Zimmer betrat.
Inti kann ja noch nicht fliegen, insofern kann er bis auf Weiteres nicht in das Tropenhaus einziehen. Aber ich habe ihn heute ebenfalls umquartiert, und zwar in einen großen Käfig im Erdgeschoss zwischen Küche und Wohnzimmer. So kann er sich erst einmal an alles gewöhnen, und die anderen können ihn unter Aufsicht und wohlbehütet „beschnuppern".
Das hatte ja bei Lisa ausgezeichnet funktioniert. Da die anderen sie im Erdgeschoss, immer wenn ich zu Hause war, gesehen haben, wurde sie sehr unkompliziert in den Schwarm aufgenommen. Als sie dann ins Tropenhaus flog, benahmen sich alle so, als sei sie schon immer dort gewesen. Inti hat bislang keine Flugversuche unternommen. Wenn sein Schwanz erst einmal nachgewachsen ist, sehen wir weiter. Die Kopfwunde heilt sehr gut. Die Delle wird allerdings wohl zurückbleiben. Jetzt heißt es erst einmal abwarten und weiterhin Geduld haben.

Heute konnte die Boulevard-Presse unsere beiden Turteltäubchen, Jazz und Timmy II, in der Öffentlichkeit bei

intensivster gegenseitiger Gefiederpflege überraschen. Die Ertappten zeigten jedoch keinerlei Gefühl für Schicklichkeit und schmusten so eng miteinander, dass noch nicht einmal ein Blättchen einer der oben erwähnten Publikationen zwischen die beiden gepasst hätte.
Ich sehe Inti ja jeden Tag, sodass mir die Änderung nicht so groß erscheint. Aber für Andere, die ihn nicht so oft sehen, scheint die Verbesserung recht deutlich zu sein.
Meine Kamera pfeift aus dem letzten Loch (Macro und Zoom sind mittlerweile hin, und irgendwas stimmt mit dem Stromkreislauf auch nicht. Die Batterien sind immer sofort leer). Aber ich kann mir im Moment keine neue kaufen aufgrund der vielen Tierarztrechnungen, die ich in letzter Zeit hatte.

16-01-2005

Intis Federn sollen leuchtender geworden sein. Ich denke, das liegt am häufigen Duschen. Außerdem ist er heute zum ersten Mal geflogen … ganze zwei Zentimeter … naja, nicht gerade riesig, aber besser als nix. Er hatte nämlich aus Versehen eine Rolle vorwärts an seinem Sitzast gemacht und hing nun mit dem Kopf nach unten. Statt sich wieder heraufzubemühen, ist er kurzerhand ans Gitter geflogen. Oder gehopst – wie man's nimmt – aber ich finde, „es zählt".
Vor Scarlett hat er noch immer eine Heidenangst. Aber ausgerechnet sie ist von ihm völlig fasziniert und will ihn immer inspizieren. Flores hingegen findet er ganz cool. Als er am ersten Tag im Käfig nicht richtig fressen wollte, habe

ich sie mit einer Schale Nüsse vor ihn auf die Küchentheke gesetzt. Sofort fing er auch an zu futtern.

20-01-2005
Das Schlimme sind nicht die Tiere, die zu mir oder anderen wie mir hinkommen, sondern die Tiere, die man nicht rausbekommt. Wie zum Beispiel ein Gelbbrustara vor Kurzem, der sich seit circa sechs Monaten übergab und mittlerweile auf 600 Gramm abgemagert war. Normalerweise wiegen sie um die 1000 Gramm.

Dieses Tier, das immerhin seit 25 Jahren in der Familie lebte, wurde dann zwei Wochen, bevor sie mit mir in Kontakt traten, einem Tierarzt vorgeführt. Offensichtlich war dieser in keinster Weise vogelkundig. Er hatte Angst vor dem Ara, sodass er ihn noch nicht einmal zur Untersuchung in die Hand nahm, sondern den Besitzern lediglich sagte, dass er sterben würde.

Dies erfuhr eine Dame, die mich auf einem Seminar kennengelernt hatte und den Besitzern meine Telefonnummer gab. Diese riefen mich sogar an. Ich versuchte, diese Leute mehrfach inständig dazu zu bringen, das Tier einem vogelkundigen Tierarzt vorzustellen, was immer wieder „nicht klappte".

Als Nächstes versuchte ich zu erwirken, dass sie mich das Tier abholen und zu meinen Tierärztinnen bringen lassen würden, da diese Leute „nur" ungefähr eine Stunde entfernt wohnen. Auch dies traf auf taube Ohren. Sie wollten offensichtlich einfach nicht ihrem Tier helfen.

Ich rief sie täglich an und stellte ein Care-Paket mit Korvimin usw. zusammen, das der Sohn, der immerhin in Frankfurt arbeitet, bei mir abholen sollte. Meine Anrufe nervten sie offensichtlich, und der Sohn kam nie vorbei.
Sie sagten dann, sie hätten das Tier einem anderen Tierarzt vorgestellt. Naja, mir sind die wirklich vogelkundigen Tierärzte hier bestens bekannt – bei denen, die ich ihnen empfohlen habe, waren sie nicht.
Leider kann man so ein Tier nicht einfach beschlagnahmen. Ich vermute, dass der Ara schlussendlich nicht überlebt hat. <heul> So wird eine treue Freundschaft von 25 Jahren vergolten.
Ich könnte vor Wut und Ohnmacht schreien! Aber was kann man tun? Es gibt unzählige solcher Geschichten.
Man sammelt sich, versucht es zu verdrängen und seine Energie auf die Tiere und Menschen aufzuwenden, denen man helfen kann. Irgendwie versucht man, sich damit abzufinden, dass man nicht alle retten kann, so schrecklich dies auch ist.

21-01-2005

Ich wünsche dieser Frau, dass sich im Alter, wenn sie krank sein sollte, auch keiner um sie kümmert! Die Wahrscheinlichkeit dafür scheint mir ziemlich hoch zu sein. Man braucht ja nur samstags in den Supermarkt zu gehen, um mitzuerleben wie lieblos Eltern mit ihren Kindern, Familien miteinander umgehen. In welchem Ton da miteinander geredet wird – schrecklich. Und ein Kind, das in der Öffentlichkeit

eine gewischt bekommt, wird zu Hause sicherlich auch nicht gerade mit Samthandschuhen angefasst.
Der rücksichtslose Umgang mit Tieren (man schaue sich nur die ganzen Fleischesser an, die verdrängen, wie Schlachttiere größtenteils gehalten und getötet werden) ist doch nur eine weitere Ausprägung der allgemeinen Herzlosigkeit.

24-01-2005
Hallo, liebes Gebüsch! Wie schön, von Euch zu hören.
Timmy II (mir ist immer noch kein guter Name eingefallen) und Jazz sind schwer verliebt und verbringen viel Zeit im Nistkasten. Bei geöffnetem Käfig machen sie zwar gerne mal eine Exkursion, doch sobald die Großen draußen sind, flüchten sie wieder in den Käfig.
Irgendwann werden sie sich vielleicht dazu entscheiden, doch wieder ins Tropenhaus umzuziehen, doch wann, überlasse ich ihnen. Wenn sie nicht im Nistkasten sitzen, hocken sie direkt vor der vor ihrem Käfig aufgestellten Lampe und sonnen sich.
Inti hat gestern zum ersten Mal, dass ich es gesehen habe, beide Flügel gespreizt. Sie funktionieren also! Ansonsten will Scarlett ihn immer noch begutachten, er flieht jedoch vor ihr. Dann klettert sie auf die andere Seite des Käfigs, um ihn von dort besser zu sehen, und er flüchtet wieder.
Er hat im allgemeinen eine Höllenangst vor den anderen Vögeln. Selbst die Agas sind ihm nicht ganz geheuer. Nur Flores toleriert er. Zumindest flieht er nicht vor ihr, sondern sie geben sich durch die Käfigstäbe hindurch einen

Schnabel-hakeln-Wettbewerb. Ich habe dabei immer ein wenig Angst um ihre Füße und bewache sie mit Argusaugen, aber so weit so gut.
Ansonsten hockt auch Inti direkt vor der Lampe und sonnt sich.
Und der Rest der Rasselbande?
Hmmm ... gemischt.
Flores hat sich schon wieder eine der Schwungfedern abgebrochen. Ihre Landungen sind noch immer katastrophal. Ich versuche zwar zu verhindern, dass sie fliegt, aber manchmal ist sie einfach zu ungeduldig und hopst, ehe ich es zu ihr schaffe. Und das resultiert leider meist in einer unkontrollierten Bruchlandung.
Pollys neuen Partner habe ich am Wochenende abgeholt. Da er aus einer Situation kommt, in der es viele Zu- und Abgänge gab ohne tierärztliche Kontrolle (die allseits beliebte Kotprobe wurde vorgenommen, als ob man dadurch PBFD, Polyoma & Co. erkennen könnte <heul>), bin ich sehr nervös bei ihm. Er sitzt jetzt in Quarantäne und wird in Kürze der Tierärztin vorgestellt.
Ansonsten ist er sehr „proper" (okay, mir kommt er ein bisschen dick vor) und hat panische Angst. Ich versuche, ihn langsam an meine Anwesenheit zu gewöhnen und habe im Gewächshaus (auch bekannt als Quarantäneraum, auch bekannt als Dusche) gestern ein wenig gegärtnert. Zwangsläufig, denn die schmackhaften Pflanzen (meine armen Passionsblumen) hatte er schnell entdeckt.
Oscarine fliegt weiterhin Angriffe auf mich. Mit ihr müsste ich wirklich mal anfangen zu trainieren. Aber mir fehlt

einfach die Zeit. Außerdem hat sie angefangen, Scarlett bei der baulichen Weiterentwicklung des Gebäudes zu unterstützen (arghghgh … meine Fensterrahmen … meine Wände …). Timmy kommt neuerdings abends mit auf den Badewannenrand, was mich äußerst nervös macht. Er hat ja schon mehrfach zu unkontrollierten Beißattacken tendiert. Und in der Wanne begegnet man so einem Verhalten doch eher ein wenig ungeschützt für meinen Geschmack. Andererseits sehnt er sich so offensichtlich nach Aufmerksamkeit und Zuwendung. Und Haut wächst ja nach … (yikes!!!)
Jack habe ich vor Kurzem vom Akku-Schleifgerät auf ein mit Kabel betriebenes umgewöhnt. Zuerst hatte er Panik vor dem Teil. Aber jetzt, seit es klappt, funktioniert das leidige Schnabelschleifen sehr viel besser.
Apropos Panik – Jack hat am Wochenende das tote Tier meiner Mutter (sprich: Pelzmantel) kennengelernt. Sie wollte den Mantel nicht mehr haben, und Kinder eignen sich ja hervorragend als ausgelagerte Lagerhäuser. Dass ich ihn auch nicht haben will, tut nichts zur Sache. Weggeben kann ich ihn nicht, denn dann würde der Haussegen spätestens beim nächsten Besuch mordsmäßig schief hängen.
Also hat er bis gestern in einer Umzugskiste geruht. Beim Kisten auspacken bin ich auf ihn gestoßen und dachte mir, ich könne ihn ja zumindest ganz hinten in die Kleiderkammer hängen. Als ich den Pelz aus der Kiste nahm, hättet ihr Jack sehen sollen, der bis dahin auf meiner Schulter meine Bemühungen überwachte. In völliger Panik flog er davon. Er hat sich riesig vor dem toten Raubtier erschreckt, der Ärmste.

Nachdem ich den Mantel aufgehängt hatte, kam Jack wieder. Doch jedes Mal, wenn ich in die Nähe von dem Ding kam, brach er wieder völlig in Panik aus.
Die Hunde hören wechselweise extrem gut oder schalten einfach auf Durchzug. Leider weiß man vorher nie, was genau. Mit zwölf Monaten haben sie wohl eine der Sturm-und-Drang-Phasen.
Wie's mir geht??? Wer??? Kenn ich nicht!!! ☺

Ääääääähhhhhh???? Häh? Irgendwie stehe ich auf dem Schlauch …

Nein, völlig verkehrt, ich wollte Dich nicht missverstehen! Gute Idee, dass Du den kleinen Daniel irgendwo einsammeln und ihn endlich zu seinem heißen Date mit Scarlett fahren möchtest. Ich halte die Idee eines konspirativen Clicker-Moderatoren-Sit-ins für eine hervorragende. ☺
Für Konspirationen bin ich immer zu haben … ☺ (hatte leider noch nie eine … aber ich stelle es mir so schööön vor zu konspirieren … ☺)

Nichts klein? … stolze 1,81 Meter bist Du, Daniel? Wie niiiiedlich!!!! <gröhl>

Ich seh Eilika schon durch halb Deutschland kurven, um Leute einzusammeln. Was fährst Du noch gleich? Einen Kleinbus???

Dann wird Eilika halt einen Lasterführerschein machen müssen ... und den Pilotenschein gleich mit, wegen Melbourne ... sie wollte sich doch weiterbilden, oder?????

26-01-2005

Als ich gestern Abend in meine Einfahrt einfuhr, merkte ich, dass das Hoftor geöffnet war.
Da ich vermutete, dass der Restaurator, der gerade an meinem Kachelofen arbeitet, irgendwas im Hof abladen musste, dachte ich mir zunächst nichts Böses. Das änderte sich schlagartig, als ich ins Haus kam und nur von einem Hund, Snow, begrüßt wurde. Meine Frage an den Restaurator, wo denn mein anderer Hund sei, stieß auf völliges Unverständnis. Als er ankam (gegen 14 Uhr) sei nur ein Hund da und das Hoftor schon offen gewesen. Wir schauten uns dann das Hoftor gemeinsam an und stellten schnell fest, dass irgendein „Wicht" die Arretierung oben herausgezogen hatte, sodass man die beiden Flügel nach vorne auseinanderziehen konnte. Das kann nur vorsätzlich passiert sein.
Berry war weg! Panik!
Ich zum Nachbarn. Der hatte zumindest bemerkt, dass das Hoftor um 13 Uhr, als die Postbotin kam, noch zu war. Also

hatten wir eine ziemlich genaue Uhrzeit – zwischen 13 Uhr und 14 Uhr. Aber wo war Berry?

Meine Freundin Natascha, mit der ich oft gemeinsam die Hunde ausführe, hat die Anrufe an die Polizei und das Tierheim übernommen. Meine Nachbarin hat Flyer gemacht und ausgedruckt. Und ich habe bei Tasso angerufen und dann in der Hundeschule, da der Ehemann der Trainerin die Privatnummern der Tierheimleute hat. Denn im Tierheim ging natürlich keiner mehr ans Telefon.

All dies ergab gar nichts.

Mein Anruf bei einer Bekannten, die bei mir in der Straße wohnt und bei Tasso arbeitet, lief bei ihrem Töchterchen auf, da sie nicht zu Hause war. Und die erzählte mir, dass sie von einer Frau mit langen Haaren und einer blauen Jacke gefragt worden sei, ob sie wisse, wem dieser Hund gehöre. Sie hatte einen Hund bei sich, dessen Beschreibung auf Berry passte. Leider hat diese Frau weder Name noch Telefonnummer hinterlassen. Mein Sprint zum Döner-Laden an der Ecke, an dem sie vorbeigekommen sein musste, brachte auch rein gar nichts.

Zwischenzeitlich war meine Nachbarin mit den Flyern fertig. Sie hatte auch im Dorf herumtelefoniert und hatte in Erfahrung gebracht, dass Berry keine 20 Meter von meinem Haus entfernt von einer Dame aufgegriffen worden sei, die dort an der Ecke wohnt.

Wir also da hin. Natascha kam uns mit Klarsichthüllen und Klebeband bewaffnet entgegen. Snow hatten wir dabei, damit die Leute, die wir fragen wollten, sehen konnten wie Berry aussieht. Sie sind ja fast identisch.

Zuerst sind wir zu dem Haus an der Ecke gegangen und haben im Parterre geklingelt. Keiner machte auf. Dann oben. Eine ältere Dame kam ans Fenster. „Nein", bei ihr sei kein Hund, und sie habe auch nichts gesehen. Dann habe sie doch was gesehen, oder vieleicht doch nicht. Hmmmmm … seltsam. Da unten keiner an die Tür ging, sind wir dann weitergegangen, haben Passanten angesprochen und Flyer aufgehängt. Natascha hatte wohl auch herumtelefoniert und verschiedene Leute hatten diese Frau gesehen. Nur – wieso hat sie niemandem ihre Telefonnummer gegeben? Und wieso hat sie weder bei der Polizei, noch im Tierheim, noch bei Tasso Bescheid gegeben?

Kurze Zeit später kam uns die Frau von dem Fenster oben entgegen und sagte, sie habe Berry gesehen, wie sie in die Paterre-Wohnung gebracht wurde. Sie war sehr insistent, dass wir dort Sturm schellen sollten (ihre Worte). Diese Dame hätte meinen Hund. Wir also zurück zum Haus, wie die Blöden geklingelt und, siehe da, die Tür wurde dieses Mal geöffnet.

Ja, ein Hund wäre heute hier gewesen. Ach, und wo ist er jetzt? Nach einigem Hin und Her erfuhr ich folgende Geschichte: Heute wäre ein Schreiner bei ihr gewesen. Als er was aus dem Auto holen wollte, waren vor dem Haus mehrere Kinder, die einen Hund (Berry) festhielten. Er sei dann mit dem Hund zusammen wieder ins Haus gekommen. Da ihr Hund gestorben sei, hätte sie Berry gerne behalten, aber Berry kam mit dem Hund des Schreiners so toll klar, dass er sie mitgenommen habe – zwei Orte weiter!!! Mir hat es echt die Sprache verschlagen.

Sie habe die Polizei angerufen. Wir auch zweimal, und die beteuern, dass sich bei ihnen keiner gemeldet hat … naja. Dann meinte sie, man müsse mal schauen, wie wir Berry wieder herbekommen. Nix da, ich fahr hin und hole sie. Das ganze war echt seltsam. Sie wollte mir die Infos gar nicht geben und war auch ziemlich aggressiv mir gegenüber. Endlich rief sie in meinem Beisein den Schreiner an, dass ich kommen würde. Dann hat sie irgendwie irre herumgetrödelt. Meine Güte, bis ich endlich die Adresse von ihr hatte. Natascha ist dann mit mir (und Snow, und Rosie – ihr Hund) in den Wohnort des Schreiners gefahren. Uns kam die ganze Sache sehr, sehr seltsam vor. Also blieb Natascha mit „klaren Instruktionen" im Auto, und ich ging mit Snow zum Haus (um ein paar Ecken wegen des Parkplatzes). Als ich dort um die Ecke bog, sah ich Berry an der Leine mit einem Mann und einer Frau und einem Schäferhund, zum Spaziergang bereit, auf der Straße.
Ich rief Berry, und sie wollte zu uns hin, aber er ließ die Leine nicht los. Da sagte ich ganz laut, „Das ist mein Hund". Und er sagte „Ach sie sind das". Die ganze Zeit hielt er Berry weiter fest. Und hatte den Nerv mir zu erzählen, wie gerne er sie behalten würde, da ich ja zwei Hunde habe und sie mit seiner Hündin so toll klar käme, die eigentlich mit anderen Hündinnen unverträglich sei. Ich dachte, ich höre nicht richtig. Als ich ihn fragte, wieso er denn nirgends Bescheid gesagt habe, sagte er, sie hätten ja bei der Polizei angerufen. Ach ja? Die hätten uns gesagt, dass sich dort niemand gemeldet habe. Und beim Tierheim? Darauf fragte er mich, wann ich denn dort angerufen hätte. Ich sagte ihm, wir

hätten vor circa 30 Minuten endlich jemanden erreicht, da das Tierheim nachts nicht besetzt ist. Und da sagt er tatsächlich, ach, da müsse er wohl anschließend angerufen haben. Bei einem Hund, den er zwischen 13 Uhr und 14 Uhr aufgegriffen und zwei Orte weiter verschleppt hat, hat er abends um 20 Uhr (nachdem er den Anruf bekam, dass der Besitzer gefunden sei???) endlich mal im Tierheim angerufen? Hallooooo????? Ist das nicht etwas, das man eigentlich zuerst macht?

Ich will ja nicht neurotisch sein, aber diese ganze Geschichte ist schon arg seltsam.

Ich habe dann erst einmal Berrys Halsband gewechselt. Sie hatten sie in so ein entsetzliches Würge-Ketten-Teil gesteckt (das war allerdings die Frau bei mir im Ort, die ihren verstorbenen Hund ja so sehr geliebt hat, dass sie ihn in ein Ketten-Würgehalsband steckte und Berry behalten wollte <grrrmpf>) und habe sie nach Hause gebracht.

Sie war den Rest des abends, mittlerweile war es schon 21:30 Uhr, arg verstört. Völlig gedämpft irgendwie. Ich war nur einfach froh, sie wiederzuhaben.

Aber die Fragen werden wohl nie beantwortet werden. Wer hat das Hoftor aufgemacht? Wieso ist von meinen „Unzertrennlichen" nur eine herausgelaufen? Sie machen ja sonst wirklich alles im Doppelpack. War es ein dummer Streich? Wollte jemand einbrechen, der durch die Hunde verhindert wurde? Wollte jemand die Hunde stehlen? Auf jeden Fall habe ich gestern Nacht noch das Tor von innen so verrammelt, dass man es von außen nicht aufkriegen kann. Zu blöd, dass ich nicht vorher bemerkt hatte, dass das geht.

Tja, was soll ich sonst noch sagen. Danke fürs Zuhören und liebe Grüße.

Die Geschichte wird immer bizarrer. Gerade rief mich der Mann vom Versicherungsbüro an. Ich hatte einer seiner Mitarbeiterinnen gestern einen Flyer zum Aufhängen gegeben. Er wollte mir sagen, dass er Berry gesehen habe.
Er erzählte, dass gestern die Frau mit Berry in sein Büro gekommen wäre und ihm erzählt habe, sie habe Berry irgendwo angebunden gefunden (so von wegen ausgesetzt …). Die Dame war aber blond und Ende 40, Anfang 50 gewesen. In der Wohnung gestern war neben der Dunkelhaarigen auch noch eine Blonde (bösartig: schlecht blond gefärbt), aber die war viel jünger.
Berry sei so verstört gewesen, dass sie sich von ihm noch nicht einmal mit Leckerli habe anlocken lassen, was er gar nicht verstehen könne, da er zu Hunden sonst immer einen besonders guten Draht hätte. Völlig verstört sei sie gewesen und habe nur flüchten wollen.
Berry??? Die verfressenste aller Hundebabys wollte kein Leckerli? Berry, die jeden totleckt, der in ihre Nähe kommt, wollte nicht schmusen? Ich würde ja echt was darum geben, wenn ich rausfinden könnte, was da wirklich passiert ist.
Ich habe ihm dann die Geschichte erzählt, so wie ich sie kenne. Da fiel ihm auf, dass die Frau sich selbst widersprochen hatte. Denn sie habe ihm auch erzählt, dass sie Berry die Leine von ihrem verstorbenen Hund umgelegt habe.

Wir treffen uns am Sonntag (er ist nämlich Versicherungsmakler, und da mein Versicherer es nach acht Monaten und verschiedenen Aufforderungen immer noch nicht geschafft hat, mir Unterlagen zu Hausversicherung zuzuschicken ...), und da werde ich ihn weiter befragen.
Das ist echt unheimlich. Kein Wunder, dass die arme Kleine gestern so fertig war. Bin jetzt selber ein wenig verstört.
P.S. Zu Hause haben meine Hunde kein Halsband um und schon gar nicht, wenn sie unbeaufsichtigt sind. Zu schnell kann da was passieren. Außerdem, wenn jemand die Tiere nicht hergeben will, nützt einem kein Halsband auf dem Planeten. Hätten sie im Tierheim angerufen, hätten die vermutlich sofort gewusst, dass ich es bin, da ich vor Kurzem mit meinen beiden da war, um mit einer Freundin Hunde anzuschauen.

Offensichtlich brauche ich einen Wachhund für meine Wachhunde ... ☺
Im Ernst – mein Anwalt meint, ich soll Strafanzeige wegen Fundunterschlagung (das zumindest können wir ja nachweisen) erstatten.

Witzig, witzig, und dann spielen wir 101 Dalmatiner in schwarz???? Weil sie sind nicht kastriert ... Oder wollt Ihr lauter Hundebabys haben??? Tut mir leid, ich kann echt nicht noch mehr Hunde aufnehmen, egal, wie toll dieser Hovawarth-Rüde ist. Ich hoffe, Du findest ein anderes gutes Zuhause für ihn.

27-01-2005
Magst Du ihn nicht ins „Vögel aus dem Tierschutzforum" posten? Ich würde mein „ok" druntersetzen, da es sich um einen der überaus schützenswerten befellten, vierbeinigen Papageien ist. ☺
P.S. Ist er kastriert? Mein Kollege hat eine Hovavarth-Hündin, die nicht kastriert ist. Ich könnte ihn mal fragen.

Habe meinen Kollegen gefragt. Er möchte keinen weiteren Hund. Schade.

28-01-2005
Die Tür war abgeschlossen!!! Und Berry ist überall registriert. Nur, wenn jemand einen Hund behalten will, dann ruft er eben nicht bei der Polizei, im Tierheim oder bei Tasso an.

Huch! Inti bewegt sich! Gerade blicke ich ob seltsamer Geräusche rüber zu Inti, und er läuft am Käfigboden herum. Dort bedroht er abwechselnd meine Hunde, die das Treiben

eher skeptisch beobachten, und springt am Boden hin und her, strubbelt die Zeitung etc.
Na, geht doch! Ist doch viel besser, als immer an der gleichen Stelle zu hocken!

30-01-2005
Gerade habe ich sowas Süßes gesehen.
Jack rollt sich beim Spielen mit mir gerne auf den Rücken und „kämpft" mit den Füßen. Er liebt es, am Bäuchlein durchgerubbelt und hin und her gerollt zu werden. Gerade blicke ich ins Tropenhaus, und was sehe ich da? Jack und Scarlett auf einem der Edelstahl-Lampenschutzkörbe. Scarlett auf dem Rücken und Jack mit einem Fuß ihren Bauch strubbelnd. <lach>
Bin ja mal gespannt, wie lange es dauert, ehe sie da runter fällt.

Inti hat eben zum ersten Mal ein wenig Pasta aus meiner Hand genommen und sogar probiert.
Der Hit war es aber wohl nicht …
Die Wunde an seinem Kopf heilt weiter und ist jetzt nur noch so ungefähr kichererbsengroß.
Habe eben nochmal mit dem netten Polizisten von unserem Revier gesprochen. Der hat nämlich einen Hovi.
Leider ist seiner mit Rüden unverträglich, aber er schlägt vor, falls noch nicht geschehen, den Hund bei Hovawart in

Not (über Google) einzustellen. Er schaut da ziemlich regelmäßig rein und meinte, dass die Hunde dort in der Regel sehr gut vermittelt werden.

Das sehe ich genauso. Aber höre Dir doch mal folgende Anekdote von Samstag vor einer Woche an.
Ich fahre zu einem Züchter, um einen Partner für einen meiner Papageien abzuholen. Er will mir einen Vertrag geben, und ich sage, dass ich lieber meinen Vertrag nehmen möchte, da in diesem steht, dass der Vogel ohne Mängel ist und insbesondere frei von PBFD etc., etc. ist.
Der Züchter sieht darin kein Problem, weist mich aber darauf hin, dass ich das alles gar nicht testen lassen müsse, denn seine Vögel seien gesund.
Im weiteren Verlauf der Unterhaltung erfahre ich, dass er mit seinen Tieren auf Vogelschauen geht und anschließend eine Sammelkotprobe macht, denn sonst seien die Untersuchungen ja zu teuer.
Ähem, ob er denn wisse, dass er über den Kot weder PBFD, noch Polyoma, noch etliche andere Krankheiten nachweisen könne, und ob er auch wisse, dass er, wenn er sich die ersten beiden Krankheiten in seinen Bestand schleppt, seine Zucht zumachen könne (immerhin 300 Tiere von Loris bis Soldatenaras).
Dies wurde mir mit einem zweifelnd-fragenden Blick und anschließendem Themenwechsel quittiert. Soviel zum Thema Sachkunde bei Züchtern. Verantwortlich sind wir

alle. Mit Schuldzuweisungen helfen wir den Tieren nicht weiter. Man kann nur seine Tiere überprüfen, rigorose Ankaufsuntersuchungen und -quarantänen durchführen und sehr, sehr vorsichtig sein.

Ja, viele Tiere haben PBFD, aber ich lehne es ab, deshalb fahrlässiger mit dieser Krankheit umzugehen. Denn viele Tiere haben es nicht und diese Tiere werden wir in Zukunft dringend benötigen, um die Arten erhalten zu können.

31-01-2005
Hatte ich vergessen zu erzählen: Oscarine und Max haben gestern beide zum ersten Mal mit großer Begeisterung mitgeduscht, statt den „feuchten Feind" nur zu ertragen oder sogar vor ihm zu fliehen.
Und der Knüller?
„Mein" Polizist rief gestern Nacht noch an, um mir mitzuteilen, dass er, nachdem er die Papiere für die beiden Strafanzeigen fertiggemacht hatte, noch ein wenig recherchierte. Dabei, haltet Euch fest, hat er herausgefunden, dass der Fund von Berry doch gemeldet wurde.
Seine Schlafmütze von Kollege hatte es nur in die „Schmierkladde" geschrieben und vergessen, es zu übertragen. All diese Aufregung völlig umsonst. Und für ihn natürlich einige Stunden Arbeit. <nerv>
Er entschuldigte sich sehr nett, menschlicher Fehler und so, und ich meinte, „gar kein Problem", ich würde mich einfach vertrauensvoll an ihn wenden, wenn mir das nächste Mal ein menschlicher Fehler mit einer roten Ampel unterlaufen

würde. Ich hätte dann ja wohl was gut. Da musste er dann auch lachen.

Muss gestehen, irgendwie war ich sehr erleichtert. Die Menschen sind doch nicht sooo schlecht, und ich habe nicht den ganzen Ärger und Streit, den so eine Anzeige mit sich bringt vor mir.

Ja, das sehe ich auch so: Hut ab, dass der Polizist den Fehler seines Kollegen eingestanden hat. Der ist echt ein guter Typ. Eben nicht nur jemand, der eine Anzeige entgegennimmt. Es war eher ein Beratungsgespräch. Ich war wirklich beeindruckt. Hätte ich nicht gedacht.

02-02-2005
Hallo, Ihr Lieben.
Bin ziemlich geschafft. Mir fiel eine kleine wunde Stelle an Intis Zeh auf. Also Buch heute Morgen in der S-Bahn gewälzt. In der Mittagspause zur Apotheke. Braunovidon zum Einreiben, Watte und Pflasterband zum Polstern der Sitzstange geholt.
Als ich vorhin nach Hause kam, war die ganze Sitzstange blutig und Blutstropfen waren unten am Boden. Das darf doch wohl nicht wahr sein. <heul> Also Tierärztin angerufen und mir per Telefon Instruktionen geholt. Glücklicherweise kam meine Hunde-Tierärztin, mit der ich befreundet bin, heute Abend vorbei, um die Hunde zu chippen. Die

durfte dann auch gleich mithelfen. Füßchen in Kamillentee baden, mit Braunovidon eincremen, Traumeel-Gabe. <seufz> Inti war gaaanz tapfer und hat auch nicht gebissen. Chef angerufen, mir für morgen früh freigeben lassen, damit ich mit dem Kleinen zur Vogel-Tierärztin fahren kann. <seufz> Mir reicht es jetzt bald. Kann hier nicht endlich mal Ruhe einkehren? Könnte echt bald schreien. Überall ist der Wurm drin! Ziemlich fertige Grüße.

04-02-2005
Danke! War gestern Morgen also bei der Tierärztin. Der Fuß ist ob unserer Behandlung schon deutlich besser geworden. Da aber das Gelenk etwas erwärmt ist, liegt die Vermutung nahe, dass sich dort eine Entzündung entwickelt. Deshalb bekommt Inti jetzt eine Woche lang täglich Antibiotika in den Schnabel. Das Traumeel bekommt er auch weiterhin.
Und damit es nicht zu leicht für mich wird – einfangen und was in den Schnabel geben ist ja für Anfänger –, wird sein Fuß auch zweimal am Tag in Kamillentee gebadet und je einmal am Tag mit Ringelblumen- und einmal mit Lebertran-Antibiotikasalbe eingecremt. Außerdem muss er wieder inhalieren, damit die Aspergillose nicht hochkommt.
Ich glaube es ist jetzt an der Zeit, mir ein zweites Paar Hände wachsen zu lassen ... man (frau) ... evoliert ... ☺
Der Fuß muss natürlich sehr genau beobachtet werden, damit man es sofort bemerkt, falls das Gewebe anfangen sollte abzusterben, was immer eine Gefahr bei solchen Verletzungen ist.

Inti und ich haben uns geeinigt. Er lässt sich sein Füßchen im Kamillentee baden, wenn ich meine Hand mit hinein halte. Und, obwohl er meinen Finger gestern erwischte, hat er nicht gebissen! Er ist wirklich ein ganz Lieber!
Im Großen und Ganzen ist er überhaupt sehr lieb und geduldig mit seiner Behandlung. Nur Küsschen auf das Köpfchen kann er gar nicht leiden. Aber es ist soooo schwer, ihm zu widerstehen. ☺
Bei Polly ist gestern Abend eine ihrer Bürzeldrüsen-Zysten aufgegangen. Es sind drei, die zusammenhängen aber offensichtlich unterschiedliche Inhalte – wegen der Farbe – haben. So eine schwarzbraune Paste kam da raus. Dadurch habe ich es überhaupt bemerkt, weil ich auf einmal diesen „Dreck" an den Fingern hatte. Leider war die Öffnung nicht groß genug, um sie wirklich entleeren zu können. Also habe ich versucht, die Zyste mit einer Kanüle anzustechen, aber das Zeug da drinnen ist einfach zu dickflüssig.
Werde in der Mittagspause mal schnell zur Apotheke flitzen. Vielleicht würde das mit einer Lanzette besser funktionieren. Mal schaun, was sie sagen.

Ich kann halt unglaublich überzeugend sein …
Aber im Ernst, dafür dass Polly als nicht zahmes Tier hinter Vorhängeschlössern gehalten wurde … diese Leute, wie so viele Papageienhalter, haben echt was verpasst. Was jucken

mich die Leute – aber wirklich schlimm für die hilflosen Tiere, die dann unter solch unsäglichen Haltungsbedingungen leiden müssen.

Im Grunde genommen ist solch eine Behandlung bei zahmen Tieren ganz leicht. Man streichelt sie oft an der Stelle, an die man eigentlich ran will. Eines Tages hält man dabei eine Kanüle zwischen den Fingern und „zack", bevor sie wissen was los ist, hat man sie.
Und dann streichelt man sofort weiter und „massiert" dabei das Zeug raus. Sie kennt das ja, dass ich an den Zysten „rumpopele".
Nur das Kleenex wurde angegriffen, das hätte ich besser verstecken müssen ... ☺
Das Problem mit Inti ist eher, dass er immer an der gleichen Stelle hockt und dadurch seinen Fuß einseitig immer an der gleichen Stelle belastet.

06-02-2005
Nein, wir wissen es nicht. Da es zuerst nur ein Riss war, nehme ich an, dass er dran geknabbert hat.
Wodurch der Riss verursacht wurde? Er hat sehr spröde, rissige Haut, die vermutlich durch Fehlernährung und Vitamin-A-Mangel bedingt ist. Aber mit Sicherheit kann man das nicht sagen. Am und im Käfig ist eigentlich nichts, woran er sich hätte verletzen können. Äste? Wer weiß.

Gestern war ich mit Pollys neuem Partner bei der Tierärztin. Wir haben alle Tests veranlasst. Auf dem Röntgenbild sieht man ziemlich verdickte Darmschlingen und einen vergrößerten Magen. Deutet stark auf Parasiten hin. Jetzt darf ich erst einmal (lecker!) drei Tage lang Kot sammeln.

13-02-2005
Pollys Partner hat Hefen und wird von mir jetzt dagegen behandelt. Auch hier mache ich mich wieder richtig beliebt, da ich ihn jetzt drei Wochen lang täglich einfangen darf, um ihm das Medikament in den Schnabel zu geben. <seufz>
Inti ist mittlerweile zuckersüß. Ich muss ihn ja immer noch zweimal täglich wegen seiner Fußverletzung einfangen. Das Füßchen wird gebadet, eingecremt und anschließend gibt es ein wenig Bene Bac in den Schnabel. Danach muss Inti noch (abends) inhalieren.
Mittlerweile brauche ich ihn gar nicht mehr festhalten, wenn ich ihm sein Bene Bac gebe. Ich führe nur seinen Schnabel mit dem Zeigefinger ein bisschen hoch. Und auch sein Füßchen lässt er sich ohne großes Theater inspizieren und versorgen. Heute hat er sogar ein bisschen an meinen Fingern geleckt, ganz lieb. <völlig-grührt-bin>
Er hat auch angefangen, Zeitungen zu zerschreddern <freu>, sodass ich es gewagt habe, ihm eben ein Leckerli-Spielzeug in den Käfig zu hängen. Die Begeisterung hält sich in Grenzen. Aber das wird schon noch.

Da Candida-Hefen beim gegenseitigen Füttern und über den Kot ansteckend und die Ergebnisse vom Pacheco-Test noch nicht zurück sind, bleibt der Kleine weiterhin in Quarantäne.

14-02-2005
Inti ist jetzt legal! Jubel, jubel …
Nach etlichem Hin und Her zwischen den zuständigen Behörden ist Inti jetzt legalisiert worden. Ich muss wirklich mein allergrößtes Lob an die Kollegen der zuständigen Unteren Naturschutzbehörde und des Regierungspräsidiums aussprechen! Auf derartig hilfsbereite, freundliche und lösungsorientierte Menschen trifft man selten!
Da mein liebes Intilein nicht gekennzeichnet ist und keinerlei Papiere gefunden wurden, befürchtete ich eine ganze Zeit lang das Schlimmste. Am Freitag habe ich dann erfahren, dass er definitiv bei mir bleiben darf. <freu>
Jetzt blieb nur noch die Frage der Kennzeichnung offen. Davor graute es mir, denn meines Erachtens und in Einigkeit mit meiner Tierärztin ist Chippen wegen seiner schlechten Wundheilung und Aspergillose (Narkoserisiko!) genauso wenig ratsam, wie das Beringen, da er eh schon rupft und außerdem ja auch Probleme mit den Füßchen hat.
Der nette Mann vom Amt stimmte mir zu und meinte, dass Inti aufgrund seiner Kopfverletzung (eingedrückter Schädel und vermutlich eine nach Verheilen bleibende Narbe) eindeutig identifizierbar sei und deswegen eine weitere Kennzeichnung nicht notwendig sei. Hach, ich bin so erleichtert, dass ich heulen könnte. Die letzten Wochen waren ganz

schön schlimm. Schließlich gewinnt man so ein Tierchen doch sehr schnell lieb, und die Ungewissheit ist erdrückend. Pünktlich zum Anlass hat Inti mir heute mein Guten-Morgen-Küsschen liebevoll mit Schnabel und sanft abtastender Zunge erwidert. <ganz-gerührt-sei>

Auch wenn's eigentlich ganz und gar nicht lustig ist, musste ich trotzdem Schmunzeln. Ich bin bereit zu schwören, dass der nette Herr bei dieser Aussage durch den Telefonhörer gegrinst hat. Also können Behörden auch mal anders sein. Mit den Naturschutzbehörden hier in Deutschland habe ich bislang durchweg positive Erfahrungen gehabt. Dito übrigens mit dem Bauamt. Einfach alles Riesenschätze!

15-02-2005
Aber ich bin blöd …
Ich war nämlich heute Morgen dem guten Inti gegenüber so aufdringlich, dass er mir in die Lippe gebissen hat.
Zu meiner Schande muss ich gestehen, dass man noch nicht mal was sehen kann. Aber es tut superweh. Bin also wohl eher ein Weichei. Bussis (ja trotzdem ☺) an Inti, dass er nicht wirklich fest zugebissen hat, dann sähe mein Gesicht jetzt ziemlich anders aus.
Beim Zurücksetzen hat er dann auf dem Ast das Gleichgewicht verloren. Und ich – auch wieder eigentlich ziemlich dumm – sofort mit nackten Händen nach ihm gegriffen,

um ihm zu helfen. Diesmal hatte er dann meinen Finger im Schnabel. Aber das hat dann kaum weh getan. Er wollte sich wirklich nur festhalten. Aber trotzdem – schön blöd von mir, mich so unvorsichtig anzustellen. <grrrmpf>
Anderes Thema. Wie ich vor Ewigkeiten berichtete, hat Lily vor etwas mehr als einem Jahr – als Nikita starb – angefangen zu rupfen. Natürlich habe ich sie damals von meiner damaligen Tierärztin mehrfach durchchecken lassen. Sogar PBFD haben wir zweimal getestet. Aber sie fand keine medizinische Ursache für das Rupfen.
Nachdem ich jetzt seit ein paar Monaten bei einer neuen Tierärztin bin, mit der ich sehr zufrieden bin, habe ich Lily letzten Freitag noch einmal hingebracht. Und siehe da, was hat die Kleine – fiese Federmilben. <seufz> Dagegen wird sie jetzt behandelt.
Da dies vielleicht nicht das Einzige ist, haben wir auch Federproben genommen und schicken diese ein. Bin mal gespannt, ob sie sonst noch was finden. Das Röntgenbild ergab, dass sie Aspergillose hat (was mir bekannt war) und eine etwas vergrößerte Niere und Herz, was im Zusammenhang mit der Aspergillose stehen könnte. Ansonsten sieht die Maus gut aus.
Also mache ich den munteren Inhalierzyklus weiter. Wie gut, dass ich zwei Geräte habe. Derzeit werden nämlich Inti, der Blaustirnsittich, Lily und Hector, der grad auch wieder ein wenig bläulich wirkt, jeden Tag inhaliert.
Wenn es da doch eine einfachere Methode gäbe …

Uuuhhhh ... so ein Riesenverneblerteil, mit dem ich das ganze Tropenhaus oder auch nur ein Zimmer einnebeln könnte, wäre schrecklich kostenaufwendig. Ich wollte aus der Dusche ein Dampfbad machen. Das Gerät für die Größe – 2,5 mal 2 Meter – kostet mehr als 2000 Euro netto. Das habe ich also erst einmal schön sein lassen.
Aus mehreren Gründen wäre es für die Inhalation der Tiere dennoch vermutlich nicht geeignet:
- man benötigt eine sehr geringe Tröpfchengröße, damit das Medikament „in den letzten Winkel" im Tier gelangt
- es ist fraglich, ob das Medikament hitzebeständig genug ist, denn der Dampf ist ja sehr heiß
- so viele Geier auf so einem kleinen Raum würde sicherlich mächtig „Klöppe" geben
- der Dampf würde den Raum viel zu heiß für die Geier machen. Nachher bekämen sie noch einen Hitzekoller.

Ich hatte mir mit der Tierärztin und auch mit einem Freund schon überlegt, ob man den Raum so vernebeln könnte. Aber das können meine Geräte nicht „wuppen". Das Problem mit dem Stress bleibt bestehen. Stellt man sie alle in Transportkäfigen in einen Raum, ist nicht gewährleistet, dass das Medikament in ausreichenden Mengen in jede Box hineinkommt. Schade eigentlich.

17-02-2005

Nebelmaschine, huh? Ich dachte, die werden mit Trockeneis betrieben. War allerdings auch schon lange nicht mehr in der Disco.

Auch bei den Dampfduschen wird Wasser erhitzt bis es verdampft. Wenn wir von den gleichen Dingern sprechen, kosten die übrigens auch fünfstellige Euro-Beträge.

Vielen Dank für Deine Mühe! Ganz kurz: Es geht nicht um den Dampf, sondern um die Tröpfchengröße. Die muss sehr, sehr klein (< 3 μm) sein. Dampf ist „schlecht" wegen der Hitze, die das Medikament zerstören könnte und für die Tiere auch nicht sehr angenehm ist. Vielleicht gibt es „Industrievernebler", aber die sind garantiert sauteuer.

Ähhhhhhhh … für das Geld kann man sich auch zehn Pariboys bei Ebay kaufen und gleichzeitig laufen lassen. Die hätten dann wenigstens die richtige Tröpfchengröße. Sag mir Bescheid, wenn Du die Lotterie gewonnen hast und ich mich vertrauensvoll wegen einer Spende an Dich wenden darf. ☺

Nur, ob das dann auch den Job macht. Mit der Gesundheit meiner Tiere möchte ich ehrlich gesagt ungern herumexperimentieren (nennt mich spießig ☺).
Normale Vernebler kenne ich, hatte ich auch schon (Zimmerbrunnen wegen Luftfeuchtigkeit). Die haben noch nicht mal die Luftfeuchtigkeit nennenswert in die Höhe bekommen …

Die Dusche ist 2 mal 2,5 Meter. Die Höhe weiß ich nicht genau, da die Decke dort abgehängt ist. Sagen wir mal nochmal 2,5 Meter. Das wären dann also circa 12,5 Kubikmeter, die mit feinsten Tröpfchen vernebelt werden müssten … utopisch?

Ummmm … Jessy … ich möchte Deinen Eifer nicht dämpfen, aber ich glaube nicht, dass man mit einem selbstgebastelten Teil die Tröpfchengröße hinbekäme. Und überprüfen könnte man es auch nicht ohne entsprechende Geräte.

Ohhhh … Leute mit Bastellaune kann ich immer brauchen. Wann hättest Du denn Zeit????

21-02-2005
Interessant. Das Gleiche habe ich bei meinen auch beobachtet. Sie scheinen zu merken, dass ihnen das Inhalieren gut hilft. Sie setzen sich in der Behandlungsbox direkt vor die Düse und saugen den Nebel geradezu gierig ein.
Im Grunde genommen bräuchte man so ein Ding, so ähnlich wie ein Bewässerungsschlauch, an dem an verschiedenen Stellen Nebel herauskäme. Also quasi ein Kompressor, ein Schlauch, der dann über T-Stücke mit mehreren Verneblerdüsen verbunden ist. Und ganz, ganz viele Transportkäfige,

um sie alle gleichzeitig reinzusetzen. Hmmmm ... Jessy???? Du wolltest doch basteln?????

Man müsste halt herausbekommen, was für einen Kompresser man benötigt, damit er mehrere Vernebler „wuppen" kann. Und man müsste einzelne Vernebler auch abkoppeln können, damit die Anzahl der „vernebelten" <lach> Vögel variabel sein kann.

Ann Castro

5. Schreihälse

07-03-2005
War in letzter Zeit (und bin es noch immer) ziemlich am Rotieren. Aber dennoch möchte ich Euch ein Update nicht vorenthalten: Nachdem Chrissie seine Quarantänezeit und die Behandlung gegen Candida gut überstanden hatte, war es an der Zeit, ihn Polly vorzustellen, damit das junge Glück seinen Lauf nehmen konnte.
Die erste Begegnung fand Mittwochnacht statt, als ich Polly auf meiner Schulter mit in den Quarantäneraum nahm. Vielleicht war es schon zu spät, denn sie benahmen sich beide so, als ob sie sich gar nicht sehen würden.
Donnerstagmorgen sah es schon ganz anders aus. Chrissie bemerkte Polly, aber wie! Von der Sekunde, in der sie in den Quarantäneraum reinkam, bis sie ihn wieder verließ, schrie er. Lauthals! Nicht das elegante kleine, „Hier bin ich"-Schreien, sondern das lautstarke, völlig entrüstete „Ich mag überhaupt nicht was hier vor sich geht"-Geschrei.
Ich ließ die beiden erst einmal ein wenig alleine, damit sie sich aneinander gewöhnen konnten, während ich mich für die Arbeit fertigmachte. Die Rechnung hatte ich allerdings

ohne Polly gemacht, die, genervt von solchem Gebrüll, kurzerhand einen Sturzflug unter dem Duschvorhang hindurch machte, mit dem der Quarantäneraum, auch bekannt als „die Dusche", vom restlichen Bad getrennt ist.
Donnerstagabend, noch ein Versuch … immerhin, weniger Gebrüll … bildete ich mir zumindest ein. Freitagmorgen setzte ich Polly auf den Käfig im Quarantäneraum und, siehe da, Chrissie flog auch da hin. Das war Polly dann aber doch zu viel, und sie scheuchte ihn weg. Derart „ermutigt" (Männer!!! <kopfschüttel>), machte er seine Augen erst einmal richtig auf und erkannte, was für ein liebreizendes Wesen seine Polly wirklich ist.
Da das liebreizende Wesen aber einen eher gut geschärften Schnabel hat, beschloss ich, sie erst einmal nicht alleine zu lassen, und setzte Polly wieder in das Tropenhaus, ehe ich zur Arbeit ging.
Freitagabend wollte ich anfangen, Chrissie dem Schwarm vorstellen, damit er nach gutem Gelingen ins Tropenhaus umgesiedelt werden kann. Was für ein toller Plan! Das Wohnzimmer war als idealer lokaler Treffpunkt auserkoren, und so machte ich mich daran, Chrissie von oben nach unten zu transportieren.
Nachdem ich ihn ohnehin drei Wochen lang täglich mit dem Kescher fangen musste, um ihm seine Medis zu geben, dachte ich mir, „Einmal mehr schadet auch nicht", und brachte ihn mit dem Kescher nach unten, wo Polly bereits verheißungsvoll auf ihn wartete. Meine Güte, war das aufregend!
So aufregend, dass Chrissie schnurstracks ins Dachgeschoss hochflog. Wieso können die eigentlich alle Treppen hoch

und runter fliegen? Gibt es so was denn im Dschungel??? Dort tummelte er sich ein wenig mit seinen neuen Kumpels, ehe er schnurstracks ins Tropenhaus flog.
Hector fand den neuen Besuch, mit Verlaub, völlig unnötig und machte sich auch sofort daran, diesem dies klarzumachen. Chrissie hing am Oberlichtgitter, während Hector versuchte, ihn dort runterzupflücken. Das arme Würmchen. Ich also nach unten und den Gartenschlauch geholt. Harte Zeiten rufen nach harten, oder besser, nassen Maßnahmen. Da Hector eher ein Wasserflüchtling ist, zumindest wenn das Wasser kalt ist, hatten wir uns schnell geeinigt: Du lässt Chrissie in Ruhe, dafür lasse ich dich trocken. Keine Angst, übrigens. Ich bin nicht unter die Tierquäler gegangen. Der Wasserschlauch hat eine Verneblerfunktion, die das Wasser ganz sanft herabregnen lässt. Normalerweise benutzen die Tiere dies zum Duschen.
Nachdem alle sich platzmäßig aussortiert hatten, schaltete ich das Licht aus, damit sie schlafen konnten. Denn mittlerweile war es schon recht spät.
Samstag nahm das junge Glück weiter seinen Lauf. Chrissie flog Polly überallhin hinterher, und Polly spielte „Heißa, Du kannst mich mal!". Da Chrissie eher ein heikler Fresser ist und ich nicht wollte, dass er ob dieser ungewohnten körperlichen Aktivitäten völlig vom Fleische fällt, kochte ich ihm eine größere Menge Körnerfutter. Dieses verteilte ich auf allen Fressflächen und in mehreren Schalen auf dem Boden, damit er auch mit Sicherheit etwas abbekommen würde. Die anderen Geier fanden's toll. Solches „Junk Food" bekommen sie sonst nämlich nicht.

Sonntag wich Chrissie wieder nicht von Pollys Seite, die ihn mittlerweile aber zumindest duldet. Im Gegensatz zu ihr liebt er es übrigens, geduscht zu werden, und purzelte mit den Aras und Kakadus munter unterm Gartenschlauch herum.
Gestern Abend gab es Walnüsse. Ich stellte mich mit meinem Korb Nüsse ins Tropenhaus und knackte, was das Zeug hielt. Ich ziehe es vor, die Nüsse selbst aufzuknacken, damit ich gleichzeitig eine Qualitätskontrolle an ihnen vornehmen kann. Außerdem können die kleineren Papageien so schneller an den Inhalt.
Nachdem Chrissie sah, wie sich alle auf die Nüsse stürzten, kam er immer näher und hat dann (Trompeten-Tusch) eine aus meiner Hand genommen ... und sofort wieder ausgespuckt. Nach weiteren zwei Proben, ist er dann auf den Geschmack gekommen und hat sich sein Bäuchlein mit den Nüssen vollgeschlagen. Zum krönenden Abschluss ist er mir dann sogar noch auf den Kopf geflogen. Aber nur, denke ich, weil Polly auf meiner Schulter saß.
Heute Abend hat er brav alles Futter aus der Hand genommen und sogar ein wenig Salat probiert. Er macht alles seinen Voressern nach. Warum die auf einmal so heiß auf Salat waren, den ich eigentlich nur für Timmy zum Schreddern hingestellt hatte, ist mir allerdings völlig schleierhaft. Schmeckt doch nach nix das Zeug.
Egal – falls ich Chrissie mit Salat dazu kriege, endlich mal Grünzeug anzurühren, soll es mir gerade recht sein. Auf dem Kopf gelandet ist er heute Abend auch wieder. Anschließend hat er mir Wassertropfen von den Fingern gelutscht. Echt süß.

Ansonsten knabbert Inti seit einigen Tagen an Holz (Jubel!), und sein Fuß ist mittlerweile auch gut verheilt. Die Wunde am Kopf wird immer kleiner, ist aber noch vorhanden. Dafür sprießen am rechten Ohr drei Federchen.

Am Samstagabend, nachdem Chrissie den Quarantäneraum geräumt hatte, ist dann Oscarines neuer Partner, Pedro, dort eingezogen. Er wartet jetzt auf seine Untersuchungen und den Ablauf der Quarantäne-Zeit.

Pedro ist echt niedlich. Er kommt auf den Arm, hasst Duschen, hat aber heute mit mir „getanzt" und war ganz aufmerksam, als ich ihm dabei vorgesungen habe. Ein bisschen am Rücken und am Füßchen streicheln durfte ich ihn auch. Hoffen wir, dass wir die Quarantäne schnell und erfolgreich zum Abschluss bringen.

Währenddessen sind Klein-Timmy und Jazz schwer am brüten … leider habe ich den Zeitpunkt verpasst, den Nistkasten (auch bekannt als „die Transportbox") zu entfernen. Ich hatte wirklich nicht gedacht, dass sie so schnell soooo intensiv zusammenkommen und Klein-Timmy sich so schnell einlebt. Verflixt!

Davon abgesehen, habe ich am Sonntag mit einem Kollegen ein Hochbeet aufgebaut, damit die Geier hoffentlich schon dieses Jahr Gemüse aus dem eigenen Garten fressen können. Dabei habe ich es wohl leider ein wenig übertrieben, sodass ich heute kränkelnderweise von meinem Chef nach Hause geschickt wurde.

Ansonsten leckt mein Dach (jaaa, mein brandneues, kein Jahr altes Dach!!!) gerade zum vierten Mal, und ich stehe kurz davor, ins Irrenhaus zu kommen …

09-03-2005
Oscarine hat sich doch schon vor Langem auf Jack umorientiert. Scarlett nimmt's mit Fassung, da sie weiß … gegessen wird zu Hause …
Naja, die Handwerker sind einigermaßen kooperativ. Leider tappt der Architekt noch immer völlig im Dunkeln, wo das Wasser herkommt. Wenn er das nicht bald herauskriegt, kann es sein, dass das ganze Dach nochmal abgedeckt werden muss. <heul>
Ich soll ein Buch schreiben? Haha, kannst Du Gedanken lesen? Hab die ersten drei Kapitel fertig und arbeite an Kapitel vier, fünf und sechs. Leider habe ich immer nur in der S-Bahn Zeit dazu. Deswegen geht es so langsam.
Ach, zu viel der Ehre. Chrissie hat nicht so schnell auf MICH reagiert – es war der Futterneid, würde ich mal sagen …
Inti ist in der Tat der letzte Partnerlose. Wir versuchen ja noch immer herauszubekommen, ob er eine Partnerin hatte. Denn wenn man die beiden wieder zusammenführen könnte, wäre das sicherlich das Schönste.
Für einen neuen Partner ist es meines Erachtens noch zu früh, da er so eine wahnsinnige Angst vor anderen Papageien hat. Diese grässliche Wunde am Kopf war ja mit ziemlicher Sicherheit ein Biss. Außerdem würde ich gerne wissen, ob er wieder fliegen kann, bevor ich eine Partnerin hole. Dies ist sehr wichtig wegen der Haltung. Ein Nicht-Flieger hat im Tropenhaus ziemlich schlechte Karten. Allerdings eine fliegende Partnerin in einer Voliere einzusperren, nur weil Inti nicht fliegen kann, fände ich auch gemein.
Kommt Zeit, kommt Rat.

Groß-Timmy, der Orangehaubenkakadu, macht übrigens auch ganz gute Fortschritte. Er ist leider noch immer sehr unberechenbar und greift gerne mal an. Andererseits bin ich mir nicht ganz sicher, ob er wirklich fies beißt, oder ob er sich nur wahnsinnig ungeschickt versucht festzuhalten.
Leider ist das für die Handwerker, die im Tropenhaus herumwurschteln und auch für andere Besucher vom Schmerzfaktor her das Gleiche, da er sich mit seinem gewaltigen Schnabel richtig festbeißt.
Aber Timmy und ich haben einen Kompromiss gefunden. Kommt Besuch, stelle ich ihm die Transportbox hin. In die geht er mittlerweile ganz flüssig hinein. Tür zu, und da muss er warten, bis alle Fremden wieder aus dem Tropenhaus herausgegangen sind. Dann mache ich die Tür wieder auf, und zur Belohnung wird er dick geschmust.
Das funktioniert erstaunlich gut. Ich begebe mich jetzt ein wenig in das Reich der Mutmaßungen, aber es ist mir aufgefallen, dass Timmy besonders zickig wird, wenn es stressig ist. Also zum Beispiel wenn ich gerade „fünfzig Mal" durchs Tropenhaus geeilt bin, um Sachen in den Keller (leider der einzige Eingang) zu bringen. Ich mutmaße also, dass er die Transportbox auch deshalb so gut annimmt, weil er sich in ihr geschützt fühlt.

Ob er ein Kamikazeflieger ist? Ein Kamikazeflieger mit Biss, würde ich sagen. Ich habe Narben an Beinen, Bauch und Händen, um es zu beweisen. Er hat ja nur ein richtiges

Bein. Das andere ist „Deko" und funktioniert überhaupt nicht. Das macht es schon schwieriger für ihn zu landen. Auf der Küchenspüle schafft er es allerdings, ohne Spuren zu hinterlassen ...
Chrissie ist heute (bin mit Grippe zu Hause) wieder mehrfach auf mir gelandet ... hmmmm ... anfassen lässt er sich aber noch nicht.

10-03-2005
Aus welchem Grund Timmy abgegeben wurde ... ach, weißt Du, die wirkliche Geschichte erfährt man sowieso nie. Richtig schlimm wurde Timmy erst mit dem Besuch des Vorbesitzers nebst Schwiegersohn. Vorher hatte er sich eigentlich recht schnell eingelebt und war der Kuschel-Paradevogel, der mit jedem Handwerker geschmust hat.
Den Vorbesitzer hat er dann angegriffen und war noch lange Zeit anschließend ziemlich verstört. Als ich mit der Vorbesitzerin sprach, erklärte sie mir, sie dachte sich, dass da mal „was gewesen sein muss" (wovon sie aber nichts weiß). Denn er hätte zu Hause genauso auf ihren Mann reagiert. Da wusste ich es dann also endlich.
Der offizielle Abgabegrund war, dass Timmy sein Weibchen Tina in der Voliere angriff und die beiden deswegen in separaten Käfigen saßen. Da die Vorbesitzer Züchter mit mehreren Papageien sind, war dort die Möglichkeit nicht gegeben, ihnen ausreichend Freiflug zu gewähren.
Nachdem ich die Größe der Voliere (140 mal 70 Zentimeter) erfahren hatte, mochte ich mir die Käfige gar nicht erst

vorstellen und habe sie beide aufgenommen, obwohl Kakadus nicht wirklich mein Ding sind und auch nicht so gut in meinen Schwarm passen. Aber was will man machen.
Mit den Vorbesitzern bin ich noch immer im Kontakt. Sie sind eigentlich sehr nette Leute, haben mittlerweile auch mit der Handaufzucht von Aras aufgehört <freu> und sind noch immer sehr interessiert am Schicksal von Timmy und Tina. Bei ihnen waren die beiden übrigens auch nur knapp mehr als ein Jahr.
Hallo Karl! Willkommen bei den Clickerern und danke fürs Kompliment. Bei der Dachgeschichte geht Dir der Hut hoch! Ob das Fachleute waren?
… und mir erst. Ja, es waren Fachleute, nebst teuer bezahlten Architekten, welche die Bauüberwachung durchführten. Es mag sich hart anhören, aber nach meinem Bau hat sich meine Meinung über die Qualität der deutschen Meister massiv verschlechtert.
Nicht ein Handwerker hat es geschafft, fehlerfrei zu arbeiten. Ich rede hier übrigens von dicken Fehlern, nicht von kleinen Macken, die halt immer mal passieren.
Vielleicht täte ein bisschen mehr Wettbewerb den Jungs ganz gut.
Na ja, Themenwechsel …
Chrissie bekommt aus Zähmungsgründen jetzt auch Leckerbissen aus der „Handhöhle". Ich bin da immer ein bisschen hin- und hergerissen. Zum einen freue ich mich natürlich über solche Vertrauensbeweise. Andererseits brauche ich wirklich nicht noch ein Schmusetier, da ich ohnehin immer zu wenig Zeit habe.

Apropos Schmusetier: Heute Nacht ließ sich Polly gar nicht abwimmeln und hat auf mir genächtigt. Freundlicherweise hat sie die ganze Nacht die Beinchen brav und fest zusammengekniffen. ☺

14-03-2005
Timmy hat es heute geschafft, mich, während ich ihn streichelte, anzufliegen. Glücklicherweise habe ich keine dicke Speckschicht auf den Rippen, sodass Schnabel auf Knochen traf und nicht allzuviel Schaden entstand.
Vor wenigen Tagen hat er sich in Scarletts Schwanz verbissen (sie saß auf „seiner" Kiste) und blieb hängen, während sie wegflog. So witzig es in dem Moment aussah, befürchte ich doch, dass was passieren könnte, und überlege, was ich nun tue.

Naja ... die Transportkiste hat sich weder in meine Rippen noch in Scarletts Schwanz verbissen ...
Die Transportbox ist nur drin, wenn ich sie brauche. Die Kiste, von der ich sprach, ist ein Karton zum Schreddern. Aber den habe ich jetzt auch erst einmal entfernt. Am Anfang hat das sehr geholfen, da er sich damit gut beschäftigt hat. Aber die Gefahr besteht natürlich, dass er dies im Frühling als Nistgelegenheit ansehen und verteidigen könnte.

Danke für den Hinweis, dass wir seit zwei Wochen Frühling haben. Nicht nur ich habe da was verpasst ... auf meinem „Hundebad" draußen ist noch immer eine dicke Eisschicht ...

15-03-2005
Nein. Nicht der böse Timmy, sondern der arme Timmy. Er wurde von Menschen zu dem gemacht, was er ist. Er ist eine dieser unsäglichen Handaufzuchten. Ist ja auch kein Wunder, dass diese alle derartig gestört sind. Es gibt schon einen Grund dafür, dass die Handaufzucht bei Hundezüchtern völlig verpönt ist!

Ein verlängertes Arbeitswochenende bei mir? Au ja! Wann kommt Ihr?????

Also „hessisch babbele" kann ich auch nicht. Aber die Leute hier sind so nett und versuchen es immer ein zweites Mal, wenn ich ganz eloquent „häh????" sage. Das ist allerdings das einzige Hessisch, das ich kann. Auf Hochdeutsch heißt das so viel wie: „Ach würden Sie dies bitte wiederholen. Ich bin nicht von hier und habe noch ein paar Verständnisschwierigkeiten mit Ihrer wunderbaren Sprache.") ... ☺ ☺ ☺

Ich kann Dir versichern, dass „Häh????" fließendes, akzentfreies Hessisch ist! ☺

16-03-2005
Größe hat nichts mit Macht zu tun!
Kontroll-Freak Nummer eins in diesem Hause ist definitiv die kleine Polly. Sie scheucht alle herum.
Inti frisst jetzt Erbsen!!! <freu> Und er probiert einiges an Obst.

19-03-2005
Zeit für ein Update.
Nachdem ich Inti seit fast drei Monaten Obst und Gemüse anbiete, frisst er es jetzt endlich. Na, ist das was? Zuerst hatte ich alles fein gehackt und unter gemischt, dann immer gröber gehackt und zum Schluss ganze Stücke untergemischt. Er hat es dann zwar mal probiert, aber der Hit war es für ihn nicht. Dann habe ich angefangen, es in einer separaten Schale anzubieten. Man muss ja immer wieder was Neues ausprobieren, um zu schauen, was funktioniert.
Zwischenzeitlich kamen Scarlett und er sich langsam näher. Wo er anfangs noch die Flucht beim bloßen Anblick der großen Roten ergriff, gab es bald wilde Schnabelgefechte durch die Käfiggitter, und schließlich fing sie an, ihn, oder genauer gesagt sein Futter, in seinem Käfig zu besuchen. Die Obst- und Gemüseschale gefiel ihr ausgesprochen gut. Doch als Inti sah, wie sie über SEIN bislang verschmähtes

Frischzeug herfiel, erwachte in ihm das Besitzdenken. Mit einem Aufschrei der Empörung vertrieb er sie von seinem Futter. Anschließend fraß er dann sofort welches. Dies geschah ein paarmal während der letzten Tage. Und heute Morgen, als ich ihm sein Futter hinstellte, fiel er doch tatsächlich über das Obst und Gemüse her, BEVOR (!) er an seine Samen und Nüsschen ging. Klasse, oder????? <freu>
Ansonsten hat jetzt hier endlich der Frühling angefangen. Zusammen mit einem lieben Kollegen habe ich begonnen, ein Hochbeet zu bauen, um hundefreies Gemüse ernten zu können.
Heute Morgen kam eine Nachbarin vorbei mit einem Anhänger Pferdemist. Dies ist ein wichtiger Bestandteil des Hochbeetes, da er sozusagen den Pflanzen, wie der Gärtner mir erklärte, „die Füße wärmt" und später als Dünger arbeitet.
Also luden wir den ganzen Anhänger erst einmal in den Hof. Kurz darauf sah ich meine beiden Hexen mit einem begeisterten Aufschrei „Schau doch nur, was die Mami uns für ein feines Buffet aufgetischt hat!" sich den Bauch mit Pferdemist vollschlagen. Anschließend, haben sie sich noch fein einparfümiert und saßen zum Schluss mit leicht dämlichem (dämlich kommt in diesem Fall nicht von Dame!) Grinsen, mit Stroh überall auf ihnen verteilt, mitten auf dem Misthaufen. <seufz>

25-03-2005
Völlig irre: Jazz (der kleine grüne Aga) ist heute Morgen auf einmal super zutraulich gewesen. Er flog auf einen Stand

neben mir und lief auf meine Hand zu. Dort angekommen, knabberte er an meinem Finger rum und drückte seinen Körper an meinen Finger. Kurios, denn er ist eigentlich nicht wirklich zahm.
Sorgen-Backe, die ich bin, habe ich auch sofort Schlimmes befürchtet und das Wohlbefinden seiner Partnerin Klein-Timmy gecheckt. Bei ihr war aber alles ok.
Hmmm ... schulterzuck ... und wieder an den Computer setz ... Als Nächstes kam Jazz auf meine Schulter geflogen, was er das letzte Mal vor mehr als einem Jahr machte. Damals war es aber eine größere Nussorgie mit den anderen Papas, die ihn dazu bewegte, und Polly-Stinki vertrieb ihn leider auch wieder.
Nun, Ihr wisst, wie hartnäckig Papageien sein können, wenn sie uns unterbemittelten Menschen etwas mitteilen wollen. Also laaanger Blick zu mir, Flug auf einen der Deckensitze, laaanger Blick zu mir, Flug in die Küche. Ich also hinterher ... bin ja nicht doof. <hehe> Flug auf den Blumentopf, ein bisschen an der Erde geknabbert, bedeutungsvoller Blick zu mir.
Ach so, sie hat Hunger. Seltsam, habe doch gerade gefüttert, aber von mir aus. Also ein paar Sämerein angeboten, die er – nun ja – gelangweilt zu sich nahm. Er ist ja soooo schüchtern. Also Schale mit Sämereien im Käfig ausgetauscht. Deutlich vernehmbarer Seufzer von Jazz – ist die denn nur blöd??? Jetzt fing Jazz an, ganz betont am Boden herumzupicken ... äääähhhhhhh ... ding-ding-ding ... Groschen-Fall mit hörbarem Geklingel ... Sie wollen Grit! Also Schälchen mit Grit und Sand frisch in den Käfig gestellt. Jazz und

Klein-Timmy fallen drüber her. Kandidat hat Prüfung grad noch (aber knapp!) bestanden.
Ist doch völlig irre, wie hartnäckig selbst diese kleinen Wusel-Agas mit einem kommunizieren, oder? Von den Großen erwarte ich es ja. Aber ich muss gestehen, die Kleinen unterschätze ich immer wieder.

Ja, ich weiß, irgendwie vergesse ich es auch jedes Mal wieder. Vor einigen Jahren kam ich abends nach Hause – und Jazz war weg. Aladdinchen hat mich dann mit ihrem äußerst hartnäckigen Verhalten zu ihm hingeführt.
Er war in eine Umzugskiste geklettert und hatte sich in dem darin gepackten Zeug so verkeilt, dass er nicht mehr rauskam. Ohne die Führung von Aladdinchen hätte ich ihn niemals gefunden.
Sie sind halt klüger, als man denkt.

Ann Castro

6. Ich werde Großmutter!

26-03-2005
ICH BIN GROSSMUTTER GEWORDEN!!!
Heute zischten Jazz und Klein-Timmy überraschend im Wohnzimmer herum. Ich ergriff natürlich sofort die Gelegenheit zur Nistkastenkontrolle. Und, siehe da, wo gestern noch fünf blitzblanke kleine weiße Eier lagen, waren heute nur noch drei Eier und zwei kleine nackte Lebewesen. Das eine sah schon aus, wie ein kleines Vogelküken. Das andere lag ganz still und war noch völlig in Eiform. Es fehlte nur die Schale.
Ich dachte schon, es sei tot, als sich zwei winzige kleine Flügelchen vom rosa „Ei" lösten und ein wenig zappelten. Es musste erst vor ganz Kurzem geschlüpft sein. Von den Eierschalen keine Spur, die werden Mami und Papi wieder aufgefuttert haben.
Deren Verhalten hat sich übrigens schlagartig geändert. Während der ganzen Brutphase saß Klein-Timmy brav auf den Eiern, bis auf wenige, sehr kurze Exkursionen, um aufs Töpfchen zu gehen. Nach der Größe des Kots zu urteilen, muss sie zwischenzeitlich ganz schön die Beine

zusammengeklemmt haben. Jazz schob alldieweil meistens direkt vor dem Nistkasten Wache.

Heute sind beide ständig draußen und fressen, was das Zeug hält. Nichts ist sicher vor ihrem Hunger. Sogar die Bananenpflanze hinter dem Vorhang haben sie entdeckt. Die lieben Kleinen müssen halt gut versorgt werden, gell? Und das ist jetzt reine Fleißarbeit.

P.S. Also hatte ich Jazz wohl doch nicht verstanden. Vermutlich wollte er eine Zigarre mit mir auf den Nachwuchs rauchen, und ich gebe ihm blöden Grit. ☺ So viel zum Thema Papageienflüsterin.

Was ich mit dem Nachwuchs vorhabe? Och … <mit den Füßen auf dem Boden scharr> … die nehmen doch kaum Platz weg, oder?

Stramme Erziehung? Ich werde acht geben, sie zu Früh-Aloholliggern zu erziehen. Sie sollen kein Fest auslassen und furchtbar viel Spaß im Leben haben! ☺

27-03-2005

Die Agaporniden-Eier sind ganz schön groß im Vergleich zu den Eltern, finde ich. Die Kleinen haben Kopfflaum. Das fand ich völlig seltsam, denn ich dachte, die sind erst einmal ganz nackt. Aber als ich das Küken sah, kann es nicht mehr als 24 Stunden alt gewesen sein, da ich am Vortag kontrolliert hatte. Und es ist definitiv zarter, oranger Flaum.

Meine Bande hat vor gar nichts Angst. Vor wenigen Wochen wurde bei mir der Boden im Tropenhaus mit einem Presslufthammer aufgestemmt. Jedes sich selbst respektierende Beutetier hätte Panik bekommen und sich verdrückt.
Was machen meine Helden? Nachdem jede Landeanflugstelle am Ort des Geschehens besetzt war, sind sie auf dem Handwerker gelandet, um besser gaffen zu können.
Live-Entertainment … na suuuuper.

Hach, ist das aufregend! Der Größenunterschied zwischen Mami, Papi und den Küken ist wirklich erstaunlich. Ich frage mich, ob das an wenigen Stunden Schlupfzeitunterschied liegen kann (glaub ich nicht) oder weil die Elterntiere verschiedenen Arten angehören. Zwischen den beiden gibt es ja auch einen erheblichen Größenunterschied.
Ich würde die Küken ja zu gerne herausnehmen und besser anschauen. Aber ich mag noch nicht an ihnen herumtatschen. Inbesondere auch, weil ich nichts tun könnte, wenn was schief geht. Wenn zum Beispiel die Eltern sie nicht mehr annähmen, hätten wir wirklich schlechte Karten, da ich keinen Aufzuchtbrei im Haus habe. Hoffen wir also, dass der Größenunterschied nicht am schlechten Füttern des Jüngeren liegt.

Soooo, gerade haben die Eltern noch einmal das Nest verlassen. Dies war kurz bevor Jack, der Stinker, den langen Bericht, den ich eben geschrieben habe, freundlicherweise für mich löschte, indem er über meine Tastatur latschte. Er ist ein ganz heißer Kandidat für Papageiensuppe!!!!! ☺
Den elterlichen Ausflug habe ich genutzt (jaja, die Neugier hat gesiegt), um den Kleinen doch einmal ein wenig genauer zu begutachten. Mann, ist der winzig! Aber in seinem Kropf ist was drin, wenn auch weniger, als bei dem Großen.
Völlig erstaunlich ist, dass die Eltern so cool bleiben, wenn ich am Nistkasten rummache. Noch nicht einmal schimpfen tun sie. Jazz ist sogar viel zutraulicher als seit Langem. Gerade habe ich ihm Pinienkerne aus der Hand gegeben.
Der Große hingegen wurde sofort sehr unruhig, als ich sein Geschwisterchen aus dem Nest nahm, und suchte nach ihm. Dieses Verhalten wurde im Zusammenhang mit Knochenfehlbildungen bei Einzelhandaufzuchten beschrieben. Durch dieses Suchen werden die Knochen viel zu früh belastet. Normalerweise liegen die Jungtiere nämlich im Knäuel und stützen sich gegenseitig, wie man an den beiden nebst Eiern sehr schön sehen kann.

Mein Mittagsschläfchen wurde eben vorzeitig und sehr insistent beendet, da Polly darauf bestand, mein Ohr zu füttern. Ehe sie es ganz voll hatte, war ich dann wach. Ähhhhh.

Der Nistkasten ist saudreckig. Unschwer kann man darin die letzten drei Mahlzeiten erkennen. Anhand des enorm hohen Zeitungsverbrauchs der Agas, schätze ich, dass sie einfach eine neue Schicht drüber pappen, wenn die alte zu schlimm wird.

Wie findet Ihr Maximus und Minimus (beziehungsweise -a) als Namen?

28-03-2005
Tag 3: Minimus hat in den letzten 24 Stunden mächtig aufgeholt. Insbesondere der Kopf ist viel größer geworden. Im Vergleich zu seinem Geschwisterchen sieht man den Unterschied besonders deutlich. Hatte mir Waage mit Schüsselchen und allem parat gestellt und hab das Wiegen dann doch vergessen.
Es ist halt schon noch ganz schön aufregend, in den Kasten zu schauen und das kleine Wutzelchen in die Hand zu nehmen. Der Kropf war auch gut gefüllt.

Hatte Besuch zum Abendessen. Scarlett und einer der Besucher bauten sehr schnell eine enge Beziehung auf. Ihre Unterhaltung hatte gewisse Charakterzüge, der eines alten Ehepaares: „Nein, Du kriegst nichts ab. Na gut. Aber vom

Teller geht nicht." (Tipp: ging dann doch ☺) – während wir anderen Tränen lachten.

29-03-2005
Muss mit den Hundis raus, deshalb nur kurz: Ein Blick in den Nistkasten zeigte, dass Minimus und Maximus sich symmetrisch arrangierten ... Ich befürchte, die beiden zeigen eine frühe Neigung zur Ästhetik, die sich zu innenarchitektonischen Ambitionen entwickeln könnte ...

30-03-2005
Ich bin völlig unfähig, und alles ist „bäh", und überhaupt und so. <heul>
Als ich heute Abend nach Hause kam hatten Oscarine und Hector dicke, dicke Schrammen in ihren Gesichtern. Jack war so verstört, dass er jedesmal völlig in Deckung gegangen ist und auf „kleines Baby" gemacht hat, wenn Hector über ihn flog. Das macht er nur, wenn es ihm wirklich schlecht geht. Er hockt dann auf meinem Arm, winselt mit eng angelegtem Gefieder und drückt sich an mich.
Als Hector auf mir landete, hat Jack mich zu allem Überfluss auch noch gekniffen. Würde ja zu gerne wissen, was sich heute im Vogelzimmer abgespielt hat. Irgendwie scheint es echt stressig gewesen zu sein. <heul>
Nachdem ich eine Runde Rescue-Tropfen geschmissen hatte, wurden alle deutlich ruhiger. Doch dann merkte ich, dass Jazz es heute geschafft hatte, sich aus seinem Käfig

auszusperren. <augenroll> Ein Blick in den Nistkasten ergab, dass Klein-Timmy vollständig auf Minimus hockte, während Maximus daneben saß. Mann, ich hoffe, keiner von den beiden hat sich verkühlt. <heul>
Und ich habe schon wieder Hals- und Alles-andere-Schmerzen und dicke Nebenhöhlen.
Sch...Vollmond, Sch...Frühling und überhaupt. Alles Kääse!!! Will nicht mehr. <heul>

31-03-2005
War eben in der Apotheke und baller' mich jetzt erst einmal mit Chemikalien zu.
Um Mini und Maxi mache ich mir schon Sorgen. Den Rest des Abends sind Jazz und Klein-Timmy nicht mehr vom Nest gegangen. Es braucht halt beide, um beide Küken wärmen zu können. Heute Morgen sind dann beide kurz aus der Box, um ein Sonnenbad direkt vor der Vogellampe zu nehmen. Die „Sonnenbank" ist aber im Käfig, sodass ich wieder nicht nachschauen konnte, ohne sie aufzuscheuchen. Ach, ich hoffe so, dass es ihnen gut geht.
Inti fängt jetzt immer öfter an, beide Flügel auszutrecken und zu bewegen. Von Schlagen kann man in dem Zusammenhang zwar noch nicht sprechen, aber man merkt eine deutliche Steigerung.
Und er fängt an, einen ziemlichen Knabbereifer an den Tag zu legen. Er geht seinem täglichen Job des Zweige- und Papierschredderns mit einem wahnsinnigen Ernst, großem Eifer und Gewissenhaftigkeit an.

Tag 6: Augenscheinlich haben die beiden Kleinen den gestrigen Tag unbeschadet überstanden.
Bin jetzt bis zum Anschlag mit Medis zugeballert … mir geht's gut … <trallalla> Danke für Eure lieben Worte gestern …

01-04-2005
… ein Lamborghini würde ungemein helfen … ☺
Ist schon alles wieder so weit in Ordnung. Die Erkältung ist wieder viel besser, und gegen meine Nervenkrise habe ich mir gestern Abend noch ein paar Bachblüten eingeworfen. Heute scheint die Sonne wieder.
Jack hat leider im Moment, seit ungefähr einer Woche, eine super-piefige Phase. Er zickt herum wie ein 13-jähriges Mädchen. Echt mühsam. Ich müsste mal ein wenig mit ihm trainieren. Andererseits, er kriegt meine Gemütslage eben auch immer voll mit und reagiert dementsprechend. Vielleicht sollte ich mal lieber an meinem Gemütszustand arbeiten??
Ich hoffe, Ihr erwartet kein toll geputztes Haus, wenn Ihr zu Besuch kommt. Vom Boden kann man bei mir nicht essen. Aber dann … Dreck schrubbt den Magen und stärkt das Immunsystem.
Die Kleinen sind hinreißend – so weich, so zart, so warm … <seufz> … und sooo große Füße!!! Der Größenunterschied ist immer noch da.

Also, dass Du früher kommen und anstatt Aufputschmittel Schrubber und Lappen mitbringen möchtest, fänd ich zwar eine super Idee. Aber dafür kenne ich Dich nicht gut genug. Das wäre mir peinlich. So, war eben einkaufen. Die Soße fürs Dessert ist auch schon fertig. Weiter geht's.

<lach> Nix zu tun im Walde?
Hätte ja nicht gedacht, dass ein Förster sich „so weich, so zart, so warm … <seufz> … und sooo große Füße!!!" fühlen kann.

Inti hat heute Abend zum allerersten Mal alleine und freiwillig seinen Käfig verlassen und ist aufs Dach desselbigen gekrabbelt. <freu> Ein schwieriges Unterfangen für ihn. Ihm fehlt noch immer die Balance. Bin ganz stolz auf ihn! Das war ein Riesenschritt! Die Agas sollten im Alter von 40 bis 60 Tagen fliegen lernen, laut Literatur. Wir werden's ja sehen …

02-04-2005
Gerade macht Inti zu Fuß einen Erkundungsstreifzug durchs Erdgeschoss. Gestern Nacht wollte er unbedingt auf

den Hängesitz, auf dem auch schon Flores und Lily saßen. Irgendwann sind sie alle heruntergebrezelt, und ich habe ihm helfen müssen, wieder auf den Käfig zu kommen.
Vorhin hat er auf dem Käfig eine „Diskussion" mit Jack und Scarlett verloren und landete wieder am Boden. Leider war ich da nicht schnell genug. Es war ihm zwar überhaupt nichts passiert, aber er wickelte sich sogleich ganz blöd in ein Lampenkabel, aus dem ich ihn, der in Panik geriet, erst einmal befreien musste. Auch das hat er gut weggesteckt und testet jetzt wirklich alles aus. <bäh> Dreck aus der Fußmatte kosten. Wie schmeckt die Hundedecke? Wie ein Kleinkind steckt er alles, was am Boden liegt erst einmal in den Schnabel …brrrr … furchtbar unhygienisch. Andererseits, möchte ich ihn jetzt, da er endlich ein bisschen Initiative zeigt, auch nicht sofort wieder ausbremsen.
Ansonsten hat Timmy gerade eine gute Phase – wir haben eben „Fußball" mit einem Zeitungspapierball gespielt. Das hat ihm richtig Spaß gemacht.
Jack spinnt allerdings immer noch herum. <seufz> Naja, auch das werden wir wieder in den Griff kriegen.

Tag 8: Noch immer schlafen die Kleinen ständig. Aber Minimus hat heute zum ersten Mal auf meine Berührung hin mit aufgesperrtem Schnabel meinen Finger betastet. Kampfgeist? Es war definitiv nicht wie Futterbetteln.
Die Kiele unter der Haut kommen mächtig voran und werden sicherlich bald als Federn nach außen stoßen.

Der Größenunterschied zwischen den beiden Küken ist immer noch erheblich. Aber wenigstens darf Minimus jetzt sein Haupt auch auf Maximus ruhen lassen.

Jaaaa, bitte ganz viel Mitleid!!!
Mir geht es echt nicht gut. Habe mich schon den ganzen Tag übergeben. Noch nicht mal Wasser blieb unten. Mann, ist das mühsam.
Aber eben habe ich einen Schokohasen geschlachtet. Der ist nicht nur unten geblieben, er hat sogar geholfen. Schnelle Energie eben. Fühle mich schon viel besser. Verstehen muss man das, glaube ich, nicht. ☺ Ist ja auch egal, oder? Hauptsache, es hat gewirkt.

Gratuliere zu Deinem Auktionserfolg. Bedeutet das, dass Du Deine Manolo-Blahnik-Therapie erfolgreich abgeschlossen hast? In dem Fall, bitte alle Utensilien an mich.
Bei Malaisen aller Art finde ich Midnight Chocolate Haagen Dasz besonders effektiv … – nicht in homöopathischen Dosierungen bitte.
Dein Freund hat sich geweigert, Dir den Rücken zu rubbeln? Frechheit! Heutzutage scheint es nur noch Exemplare zu geben, die ihren Rücken selbst gerubbelt haben wollen. Ein weiteres Indiz für den Zusammenbruch und die Verrohung unserer Gesellschaft … ☺

Deine Strategie, den Rücken gerubbelt zu kriegen und ihn schwanger sein zu lassen, ist eine hervorragende. Nur, womit rechtfertigst Du dann Deinen Schuh-Konsum??? Ein Teufelskreis ... ☺
Andererseits, muss man den rechtfertigen? Ich pflege mich in solchen Fällen auf den Standpunkt „Ich bin eben ein Mädel" zurückzuziehen. Wer kann denn schon dagegen argumentieren?

Oder leg Dir einen Freund zu, der einen Schuh-Fetisch hat ... hmmmm ... grüüübel ...

05-04-2005
Die Kleinen werden so schnell erwachsen. Maximus, der deutlich Weiterentwickelte, hatte vorgestern an jeder Schwinge ein paar Federkiele, die aus der Haut lugten. Seit gestern – zumindest ist es mir vorher nicht aufgefallen – ist sein Schnabel auch leuchtend orange-rot, und seine Äuglein sind geöffnet.
Er lässt sich ohne jede Angst überall streicheln. Heute hat er, während ich ihn streichelte, sogar kurz an meinem Finger geknabbert und sich geputzt. Am ganzen Körper ist er jetzt von winzigen kleinen Kielen übersäht. Es wird nicht mehr lange dauern, und er wird Federn haben.

Minimus ist noch immer viel kleiner und schläft auch noch immer viel. Aber auch sein Schnabel fängt an, sich zu färben, und wurde von gestern auf heute deutlich knalliger. Heute hat er auch zum ersten Mal die Augen ein wenig geöffnet. Aber er nimmt mich kaum zur Kenntnis. Bei Maximus hatte ich heute das deutliche Gefühl, dass er mich als etwas Separates wahrnahm.

09-04-2005
Der Wurm wird immer gefräßiger.
Der Wurm, der derzeit in allem drinsteckt, wird immer schlimmer. Diese Woche war mal wieder der reinste Horror. Es fing am Wochenende an. Der neue Partner, den ich für Oscarine gekauft hatte, erwies sich laut Geschlechtsbestimmung ebenfalls als Weibchen. Vorsichtshalber habe ich ihn oder sie gestern noch einmal zur Tierärztin gebracht – habe ja auch sonst nichts zu tun –, um sie beziehungsweise ihn nochmals testen zu lassen. Große Hoffnungen habe ich aber leider nicht.
Dann bemerkte ich, dass der neue Putz am Haus angefangen hat, großflächig abzuplatzen. Der Handwerker war klasse und kam schon am Donnerstagmorgen vorbei, um es wieder in Ordnung zu bringen. <freu>
Die Freude war kurz, denn Donnerstagnachmittag bekam ich einen Anruf auf der Arbeit von meinem lieben Nachbarn, dass mein Hoftor offen und die Hunde weg seien. Der Handwerker muss trotz eingehender Instruktion von mir und von der Gassigeherin Nummer eins (die morgens geht)

das (verschlossene!) Hoftor von innen entriegelt und aufgedrückt haben. Anschließend hat er es wohl nicht wieder richtig geschlossen.
Mein Nachbar hat dann für mich im Hof und im Haus geschaut, aber die Hunde waren wirklich definitiv weg.
Also musste ich mal wieder einen Nachmittag frei nehmen – was mein Chef überhaupt nicht komisch fand –, um in Panik nach Hause zu fahren und meine Hunde zu suchen. Glücklicherweise gibt es hier im Ort viele nette Menschen, die ungeheuer hilfsbereit sind. Nach meinem Rundruf an alle hat die Mutter von Gassigeherin Nummer zwei (nachmittags) sich ihren Ehemann geschnappt und ist auf die Suche gegangen. Gassigeherin Nummer eins hat ihre Tochter losgeschickt. Als ich zu Hause ankam, waren meine beiden Hexen tatsächlich schon gefunden worden.
Irgendein netter Mensch hatte sie eingesammelt und im Tierheim abgegeben. Das Tierheim hat es allerdings nicht fertiggebracht, die Chips zu checken und bei Tasso anzurufen. Was sie allerdings fertigbrachten war, die Hunde nicht an meine Freunde auszuliefern, weil „Da könnte ja jeder kommen".
Rüüüüüchtig! „Jeder", der weiß, dass zwei schwarze Labradormixe gerade gefunden wurden, von ihnen erkannt wird und auf den sie dann auch noch hören. Völlig plausibel. Außerdem haben die bescheidenen Leute vom Tierheim für die zwei Stunden, in denen die Hunde da waren, zwei volle Tagessätze genommen. Grrrmpf.
Naja, ich war heilfroh, sie wieder zu haben und dass ihnen nichts passiert ist.

Am nächsten Morgen bin ich dann nochmal zur Ärztin, weil ich immer noch nicht wieder richtig auf den Füßen bin. Die hat mich dann mit Verdacht auf Schimmelpilzallergie wegen des lecken Daches oder Gefiederallergie wegen der Papageien zum Hals-Nasen-Ohren-Spezialisten geschickt.
Boa, war der sauer. Warum ich nicht schon viel eher gekommen sei?
Ummm ... weil ich bereits in ärztlicher Behandlung war und suggeriert bekam, das sei alles nicht so schlimm und ich solle mich nicht so anstellen???
Er hatte auch noch ein paar deutliche Worte bezüglich Schimmelpilzallergie zu sagen.
Nix Allergie – ich habe mittlerweile wohl eine Riesenentzündung, die sich von den Nebenhöhlen bis zu den Stimmbändern (ja, ich habe derzeit eine richtig sexy Rauchstimme ... ☺) heruntersteckt. Leider tut es weh zu sprechen, sodass ihr nicht in den Genuss dieser Stimme kommen werdet ...
Er hat jetzt erst einmal Proben genommen, aber mir schon mal ein paar Antibiotika mitgegeben unter ständigem Grummeln und Kopfschütteln ... <lach>
So weit so gut. Dann bin ich also gestern Abend zur Tierärztin gefahren wegen Geschlechtstest und dann, fix und fertig, endlich nach Hause.
Zum abendlichen Tropenhaus-Putzprogramm gehört natürlich auch das Lüften. Nur, gestern hat dann der mittlerweile vierte von insgesamt sechs Motoren versagt, sodass ich das Fenster auf neun Meter Höhe <heul> nicht mehr zubekam.
Der Oberlichtvertreter, den ich sofort anrief, hatte dann auch noch die Frechheit, mich wegzudrücken. Hab ihm dann eine

geharnischte SMS geschickt, was mir aber im Endeffekt auch nicht weiterhalf.

Also haben Geiers und ich eine ziemlich kalte Nacht verbracht. Hatte echt Angst um sie. Aber sie scheinen es ganz gut weggesteckt zu haben. Mir geht es allerdings noch mieser als vorher. Heute Morgen habe ich dann endlich den Notdienst erreicht, und mittags kam dann der Monteur. Er ist dann erst von außen aufs Dach des Tropenhauses, musste dann aber noch mal ran, und wollte von einem der Dachflächenfenster des Wohnhauses durchsteigen.

Wir also nach oben, und ich fast einen Herzinfarkt bekommen. Eines der Dachflächenfenster war sperrangelweit aufgegangen. Durch den Durchzug hatte sich der Vorhang, mit dem das Tropenhaus vom Dachgeschoss getrennt ist, losgerissen und Oscarine war weg. Ich war so in Panik, dass ich mich nur noch im Kreis gedreht habe und keinen klaren Gedanken mehr fassen konnte.

Ich habe dann den Monteur dazu verdonnert, das Fenster zuzuhalten, weil es immer wieder aufging. Irgendwas war wohl abgebrochen, während ich irgendetwas suchte, womit ich das Fenster fixieren konnte, damit nicht noch mehr meiner Papageien rausflogen. Da das Fenster ein elektrisches ist, hat es keinen Griff, was das Festmachen schwierig macht.

Zu meiner großen Erleichterung fand ich Oscarine dann aber in der Kleiderkammer wieder. Warum sie schlussendlich dorthin und nicht nach draußen geflogen ist, ist mir völlig schleierhaft. Ist mir auch egal. Ich bin einfach nur dankbar, dass mir trotz des weit offenstehenden Fensters nicht ein einziger Papagei abgehauen ist.

Nachdem wir alles provisorisch wieder verrammelt hatten und der Monteur wieder aufs Dach wollte, sah ich dann zu allem Überfluss, dass der Putz auch an anderen Stellen großzügig abgeplatzt war. Dieser Depp von Handwerker hat also echt nur die eine Stelle geflickt und noch nicht einmal geguckt, ob anderswo auch was abgeht. <kreisch> Mir kommt bald der Dampf aus den Ohren vor Wut!!!!

Eine liebe Freundin hat heute Morgen für mich mit eingekauft, damit ich mich mal entspannen und ins Bett legen kann. Aber jetzt muss ich gleich doch nochmal raus und Sperren für die Dachflächenfenster besorgen. Zu groß ist mir die Gefahr, dass mir nochmal was kaputt geht. Außerdem muss ich einen abschließbaren Riegel für meinen Innenhof besorgen.

Das muss man sich echt mal vorstellen. Ich muss meinen Hof von innen abschließen, damit kein Handwerker da was rumfrickeln kann. Ist doch unglaublich, oder??? Ich habe es sooooooo satt!!!!!! <heul>

11-04-2005

Hallo, Ihr Lieben!

Vielen Dank für das Mitgefühl und die Umarmungen. Die konnte ich wirklich brauchen!

Jackilein singt Arien. Das ist das Signal an mich, dass ich dringend füttern muss und dann zur Arbeit.

Mehr später.

Wenn man sich Federn dazu denkt, sind die Agaporniden-babys nun schon fast so groß wie die Eltern. Und die Federchen sprießen „an allen Ecken und Enden".

12-04-2005
Nö, Klein-Timmy wird wohl Klein-Timmy bleiben.
Minimus ist auch kuscheliger als Maximus. Wenn man ihn streichelt, aalt er sich richtig in der Hand. Maximus dreht sich eher weg. So haben selbst die ganz Kleinen schon große Persönlichkeiten.

13-04-2005
Es ist echt der Hammer.
Das Männchen, das ich als Partner für Oscarine gekauft hatte, entpuppte sich beim Geschlechtstest, den ich als Teil der Ankaufsuntersuchung machen ließ, als Weibchen.
Da es einen früheren Geschlechtstest gibt, in dem er als Männchen getestet wurde, ließ ich letzen Freitagabend den Test wiederholen.
Eben bekam ich den Anruf von der Tierärztin. Haltet Euch fest: Dieser Test kam wieder als männlich raus.
Daraufhin hat das Labor die Probe noch zwei weitere Mal getestet – alles männlich.
Dann haben sie die alte Probe herausgesucht und getestet – weiblich. Häh???
Sie gehen davon aus, dass wir Mädels beim Tierarzt (alle weiblich!) es geschafft haben, die Probe mit unserer eigenen

DNA zu verunreinigen. Ich wusste gar nicht, dass dies von Mensch zu Papagei möglich ist. Es ist aber wohl so.
Insofern freue ich mich, dass Pedro jetzt hier bleiben kann. Wäre er aber wohl ohnehin, da er sich dick mit Inti angefreundet hat ... mmmmm zwei Jungs und artfremd ... und immer zu mir kommt, um zu Schnäbeln und sich Leckerlis abzuholen und auch mit mir zu teilen. Er ist schon ein süßer Kerl.

14-04-2005
Oh je, oh je.
Also Pedro verehrt Inti. Das bedeutet auf rotbugisch, wie ich es ja schon von Oscarine kenne, Verteidigung des Angebeteten bis aufs Blut.
Gestern war es dann soweit. Scarlett flog auf die Käfigtür. Das gefiel Inti gar nicht, der sie daraufhin laut kreischend vertreiben wollte. Scarlett hat nichts gemacht. Sie hat sich nicht einmal gewehrt, sondern nur defensive Abwehrhaltung eingenommen. Da ging auch schon Pedro auf sie los. Scarlett also aufgeflogen, und was macht dieser Stinker? Fliegt ihr hinterher und verkrallt sich in der Luft in ihr Gesicht.
Sie ist daraufhin abgestürzt und saß sichtlich verstört am Boden. Eine schnelle Inspektion ergab, dass Pedro ihr so in den Schnabel gebissen hatte, dass dieser blutete. Na super. Daran müssen wir wohl noch ein wenig arbeiten. <augenroll>
Aber – auf der positiven Seite – ratet mal, wen ich gestern Abend sozusagen inflagranti beim Kuscheln erwischte???

Polly und Chrissie! Na endlich <freu>. Leider hat sie mich dann gesehen und ist sofort zu mir geflogen. Aber was soll's. Den größten Teil des Tages bin ich ja nicht da.
Auf der Hundefront ist Berry läufig und hat es gestern Nacht fertiggebracht, von der untergelegten Decke runterzurobben und die Bettwäsche direkt neben meinem Gesicht zu versauen. Was sie mit ihrem Po neben meinem Gesicht machte (und wieso ich das nicht bemerkte … yikes!!!), sei dahingestellt.

17-04-2005
Willste bei mir einziehen??? <lach>
Clickertraining ist nicht etwas, was ich mal eben kurz beibringe. Es ist ein Prozess, in dem immer wieder gewünschte Verhaltensweisen verstärkt werden. Das braucht halt seine Zeit.
Minimus ist so was von süß!!!
Gestern hatte ich bei der Nistkastenkontrolle die Nase voll. Wortwörtlich. Mama- und Papa-Aga hatten nämlich immer wierder einfach eine neue Schicht über den Dreck gepappt. Das ganze stank erbärmlich, und der „Höhlenboden" hing fast unter dem Deckel.
Also habe ich den Nistkasten rausgenommen, die beiden Kleinen in ein mit Handtüchern gefüttertes Schüsselchen gesetzt und diesen ekelhaften Nistkasten gesäubert. Richtig rausstemmen musste ich den Dreck – widerlich. Dann habe ich frische Zeitungen geschreddert und hineingetan, damit die beiden Süßen auch weich sitzen.

Maximus hat versucht, sich unsichtbar zu machen, was ob seiner Größe gar nicht so einfach ist. Minimus hingegen ist unglaublich neugierig. Ein richtiger kleiner Abenteurer. Wenn ich in seine Nähe komme, steckt er mir neugierig Kopf und Schnabel entgegen. Stecke ich die Hände in den Nistkasten, kriecht er sofort hinein.
Heute habe ich beide nochmal rausgenommen, um zu schauen. Maximus kauerte („Ich bin unsichtbar") in einer Ecke des Nistkastens. Minimus hingegen ging sofort auf Erkundungstour. Er krabbelte mir ins Hemd und dann in den Ärmel hinein … ich hatte meine liebe Not, ihn wieder hinauszubekommen. Als ich ihn zurücksetzte, um mir auch Maximus ein wenig genauer anzuschauen, kam er sofort wieder angekrabbelt und stieg auf meine Hand. Da schmilzt das Großmutterherz!
Interessant finde ich auch das Futterverhalten. Ich habe den Agas während der ganzen Brutzeit sehr vielfältiges Futter angeboten. Am Anfang haben sie nur die Körner genommen und sind insbesondere über die Hirse hergefallen. Dann haben sie auf einmal Unmengen Muschelgrit vertilgt und jetzt, seit ein paar Tagen, lassen sie die Körner eher stehen und fallen über Obst, Gemüse und Grünzeug her.
Weitere Entwicklungen im Papageienparadies: Oscarine jagt Pedro zwar noch immer, aber der Abstand zwischen den beiden verringert sich … „schaun mer mal".
Timmy hat mich zum ersten Mal angeflogen, ohne zu beißen. Was für ein Fortschritt! Und Inti schafft es jetzt, mehrfach hintereinander mit den Flügeln zu schlagen, und macht dies auch recht häufig.

18-04-2005
Mir geht es viiiiel besser. Großer Dank geht an die Schulmedizin und Antibiotika.

Dass bei meinen Geiern die Lernprozesse recht schnell geschehen, liegt, vermute ich zumindest, daran, dass ich positive Verstärkung „lebe" und nicht nur zu den Trainingszeiten, die seit dem Umzug ohnehin gegen Null tendieren, anwende.
Nein, ich locke sie nicht mit Leckerli. So wie Du es oben beschreibst, machst Du das schon. Ich versuche das mal genauer zu erläutern: Leckerlis gibt es von mir zur Belohnung, wenn sie etwas tun, was mir gefällt. Lockt man sie mit Leckerlis, lernen sie zu kommen, wenn sie Leckerlis sehen und nicht, verschiedene Verhaltensweisen so lange auszuprobieren, bis sie eine finden, für die es eine Belohnung gibt. Dadurch erzielt man natürlich völlig unterschiedliche Vorgehensweisen in den Tieren.
Das ist ein Problem mit der Geduld. Natürlich ist es am Anfang leichter, den Vogel mit Leckerlis zu locken. Nur, im Nachfolgenden wird alles schwieriger. Oft kommt man nicht über das Anfangsstadium hinaus, auch deshalb, weil man für sich selbst den ersten Lernschritt (Geduld!!!) ebenfalls übersprungen hat.
Zieht man das Training jedoch richtig auf, wie von mir beschrieben, wird es im Nachfolgenden immer leichter, da der Vogel gelernt hat zu lernen und der Trainer zu warten.

Außerdem baut man durch dieses Training auch eine gute Vertrauensbasis auf. Der Vogel fokussiert sich nicht auf das Leckerli, sondern auf den Trainer. Der Trainer wird also mit etwas Positivem verbunden. Zeigt man ihm immer das Leckerli, wird der Trainer sozusagen „übersehen".
Abgesehen davon, habe ich natürlich ausnahmslos besonders begabte gefiederte Kinder. ☺ ☺ ☺

19-04-2005
Ganz kurz: Mir scheint, dass Du eher die Agierende bist, statt die Geier agieren zu lassen.

20-04-2005
Seit dem Umzug, also etwa seit einem Jahr fehlt mir die Zeit für das regelmäßige Training. Bei 17 Papageien ist das ohnehin recht schwer, auch, weil sie auf ganz unterschiedlichen Lernstufen sind, ich sie also schlecht zusammen clickern kann.
Zusätzlich habe ich zwei junge Hunde, deren Erziehung derzeit einfach die höhere Priorität ist.
Mit den alten Hasen übe ich hin und wieder Sachen, die sie schon können und „Dumm-Zeug" just for fun. Das mache ich dann mit vier bis sechs Tieren gleichzeitig, je nachdem, wer grad im Raum ist.
Ich habe natürlich auch ein anderes Umfeld und andere Ansprüche als viele. Zum Beispiel habe ich so viele „Kuschelpapageien", dass es mir völlig wurscht ist, ob die

nicht zahmen auch noch zahm werden oder nicht. Meiner Erfahrung nach werden sie es meist eh von selbst.
Die letzen Male, die ich clickerte, waren eigentlich immer zu „Demo-Zwecken". Ich kann definitiv bestätigen, dass die Vögel auch nach längeren Pausen so gut wie eh und je lernen und auch die Neuen schnell kapieren, wie es funktioniert.
Was alle nach und nach lernen – ganz einfach, da selbstverstärkend –, ist, vom Löffel und aus der Spritze zu trinken und zu fressen. Das macht es leichter, wenn man ihnen Medikamente geben muss. Allerdings, je nachdem wie die Medis schmecken, schnappe ich sie mir auch oft genug einfach mit dem Handtuch und gebe ihnen die Medis gegen ihren Willen. Das ist schneller, und ich kann so besser gewährleisten, dass die Medikamente tatsächlich im Vogel landen.
Bisher hat es noch bei keinem Vogel zu einer Zerstörung des Vertrauens geführt. Im Gegenteil, kaum sind die Medis in ihnen drin, lassen sie sich von mir trösten. Krallenschleifen etc. fällt selten an, weil ich so viele dicke Naturäste im Tropenhaus habe. Was sie sonst noch nach und nach lernen, ist, auf Kommando zu mir zu fliegen, nicht zu beißen und nicht in mein Ohr zu brüllen. Bei so was fliegen sie gnadenlos von der Schulter, werden aber auch für gutes Verhalten üppig belohnt. Außerdem verstärke ich auch gezielt das Liebzueinandersein. Heute Abend saßen zum Beispiel alle fünf Aras recht artig in der Nähe voneinander, ohne sich ständig blöd anzumachen.
Bei so was mache ich auch viel über die Stimme. Gerade die großen Roten, die mich sehr gut kennen, sprechen ziemlich gut auf meinen Tonfall an.

Bei den Neuen verstärke ich allerdings mit Leckerli. Dies bedeutet aber nicht, dass ich ständig Leckerlis mit mir herumtrage. Sie lernen ziemlich schnell, was „let's get you a treat" bedeutet und bleiben sitzen, während ich mit ihnen zum Kühlschrank oder zum Küchenschrank gehe und was Gutes suche.

Ich habe vor Jahren ganz rigoros mit Clickern angefangen. Mittlerweile ist es so, dass ich viele Dinge mache beziehungsweise wohl machen muss, über die ich mir selbst gar nicht im Klaren bin und über die ich erst einmal gründlich nachdenken muss, ehe ich jemandem erklären kann, wie ich es genau mache.

Deswegen entsteht wohl oft der Eindruck, dass die Tiere es von selbst lernen. Zum Beispiel ist es erstaunlich, wie schnell sie ihre Namen lernen. So kann ich zum Beispiel Timmy den Orangehaubenkakadu durch die ganze Länge des Tropenhauses davon abbringen, etwas – heute Abend der Swiffer – weiter zu zerstören.

Bis ich es bemerkte, war schon einiger Schaden angerichtet, aber ein kurzes „Timmy, no!" aus zwölf Meter Entfernung bewirkte, dass er sich trollte und einen neuen „Wirkungskreis" suchte. Die anderen reagierten überhaupt nicht darauf. Sie wussten halt, dass sie nicht gemeint waren.

Ich könnte ständig Vorträge über das Verhalten machen. Ich halte es allerdings für einen sehr, sehr wichtigen Schritt, das Clickern richtig gut zu lernen. Denn Leute, die gut Clickern können, können auch gut beobachten und haben exzellentes Timing. Und das sind einfach sehr wichtige Fähigkeiten im Umgang mit Tieren.

Mit Clickern bekommt man unglaublich schnell Ergebnisse ohne allzugroßen Aufwand. Und das macht allen Beteiligten halt viel mehr Spaß. Wenn ich schnell und gezielt irgendwas beibringen muss, nehme ich auch immer noch den Clicker.

21-04-2005
Meine Kommandos gebe ich in der Tat auf Englisch. Das liegt ganz einfach daran, dass ich Kanadierin bin und Englisch meine Muttersprache ist. Netter Nebeneffekt ist, dass man als Kommandos Worte benutzt, die sie garantiert normal nicht hören, da meine Besucher eigentlich so gut wie immer Deutsch sprechen.
Du staunst, wie ich es schaffe, so viel an einem Tag zu machen? Ganz ehrlich? Schön ist das nicht. Es wird schon einen Grund haben, warum ich nur noch 47 Kilogramm wiege. Ich warte auf den Zeitpunkt, an dem hier ein wenig mehr Routine und Ruhe einkehren!

22-04-2005
Was soll das heißen? Meinste ich sehe dicker aus??? <lach> Klar, ein Abendessen ist alles, was man zeitlich braucht, um ein paar Piepern die Grundausbildung beizubringen. <Ironie aus> <grins>
Ich mach Dir ein anderes Angebot. Wenn Du magst, komm her, und wir schnappen uns einen von meinen Vögeln, damit Du an ihnen üben kannst. Vermutlich würden Deine bei einem Besuch bei mir so viel Angst haben, dass mit Üben

nicht viel möglich wäre. Abgesehen davon, halte ich nichts von solchen Besuchen, wegen der Gefahr, dass man sich irgendwelche Krankheiten einschleppt.
Wichtiger, als dass sie es lernen, ist ohnehin dass Du lernst, wie man richtig trainiert.

23-04-2005
Oscarine und Pedro sitzen mittlerweile gemeinsam auf einer Lampe, ohne sich gegenseitig umzubringen, obwohl beide immer wieder mal die eine oder andere Schramme haben. Aber so langsam scheint es sich einzupendeln. Bin mal gespannt, wann die beiden wirklich zueinander finden und ein richtiges Paar werden.
Polly und Chrissie habe ich beide zusammengekuschelt im Bad ertappt, wohin sie sich vom Tropenhaus für ein wenig „Privatsphäre" zurückgezogen hatten.
Im Grauen-Puff machen Lisa und Flores „auf Deibel komm raus" miteinander rum. Ihre beiden Jungs schauen in die Röhre. Na super, der Preis dafür, dass man alle Tiere artgerecht verpaart.

24-04-2005
Der Wurm steckt immer noch drin.
Am Freitag ist Jazz ganz überraschend gestorben. <heul> Jetzt ist die arme Klein-Timmy schon wieder alleine und auch noch alleinerziehende Mutter.
Mag nicht drüber reden.

29-04-2005
Flügge!!!
Soeben hat einer der Kleinen die Nisthöhle verlassen und ist ein klein wenig im Käfig geflogen. So süß!!!!!

7. Sorgenkind

05-05-2005
Oh Karl, es geht hier noch immer so elendig viel schief ... ich kann gar nicht glauben, dass diese Pechsträhne so lange anhält. <heul>
Letzte Woche hab ich mich so blöde angestellt, dass mein Hectorchen mir in den offenen Mund gebissen hat. Ergebnis: Lippe kaputt, aber wie, und Oberschnabel unterhalb der Zähne durch den Untergaumen hindurchgesteckt. Bin fast umgekippt – so viel Blut und ganz schön schmerzhaft. Und völlig meine Schuld. Ich bin solch ein Trottel.
Am Freitagabend hatten die lieben Kleinen es geschafft, eine der Gitterplatten von den Oberlichtern (die vom Schreiner beim Einbau festgeschraubt werden sollten, der auch dies wohl verpatzt hat) so zu verschieben, dass sie nur noch an zwei Ecken festhing. Ich hatte eine Höllenangst, dass sie zu Boden krachen und jemanden erschlagen könnte. Diese Edelstahlplatten haben ein ziemliches Gewicht.
So habe ich dann alles, was in der Nähe stand, weggeräumt in der Hoffnung, dass die Vögel nun keinen Grund mehr haben würden, sich darunter zu setzen. Am nächsten Tag

hat mein irre netter Gärtner, der mir gerade Erde lieferte, die ganzen Gitter miteinander verdrahtet, sodass sie sich nicht mehr verschieben können. Der Süße wollte dann noch nicht mal dafür bezahlt werden. Es gibt echt noch Engel hier.
Am Montag kam ich dann abends nach Hause, und im Tropenhaus war überall Blut. Wenn man so was sieht, ist man im ersten Moment funktionsunfähig. Ich musste erst einmal herausfinden, wer es war, und ihn, Pedro, der nicht so zahm ist, dann auch noch kriegen. Das war so was von schwierig wegen der Höhe und wegen der anderen Papageien. Pedro wollte ja eigentlich zu mir hin. Er wusste wohl, dass ich ihm helfen würde. Aber die anderen Papageien kamen ständig zu mir, sodass er aus Angst vor ihnen immer wieder wegflog. Nachdem ich ihn endlich in der Transportbox hatte, bin ich bei Nacht und Nebel zum Tierarzt gefahren. Die waren so was von goldig. Nicht nur haben sie die Praxis für mich offengehalten, sie haben sich auch zu dritt um Pedro gekümmert. Stellenweise war das Fleisch bis auf die Knochen weg, und der Fuß derart angeschwollen, dass der Ring entfernt werden musste. Glücklicherweise habe ich die richtige Entscheidung gefällt. Wenn ich bis zum nächsten Tag gewartet hätte, sagte die Tierärztin, hätte er vermutlich seinen Fuß oder zumindest mehrere Zehen verloren.
Ich selbst hatte nichts gegessen, war geschockt und völlig fertig und habe mich dann auf dem Rückweg auch noch ganz blöd verfahren. Wie ich drauf war, kannst Du Dir sicherlich vorstellen. Am nächsten Morgen hat Pedro dann auch noch an seiner Wunde rumgemacht, sodass wieder alles voller Blut war.

Ich habe ihn jetzt im Wohnzimmer mit Inti und darf ihn täglich mit dem Kescher fangen, um ihm seine Antibiotika zu geben und den Fuß zu versorgen.
Die Wunde scheint zwar ganz gut zu verheilen. Aber offensichtlich tut ihm der Fuß noch saumäßig weh. Er humpelt herum und hat Schwierigkeiten, sein Futter mit dem anderen Fuß zu halten.
Der Süße ist echt ein tapferer kleiner Krieger. Statt mich zu hassen, sitzt er jetzt neben mir und lässt sich auf einmal von mir kraulen, was er noch nie gemacht hat.
Es bahnt sich auch eine dicke Freundschaft an. Als ich heute Morgen herunter kam, saßen Inti und Pedro so dicht nebeneinander, dass man kein Blatt Papier hätte dazwischen schieben können.
Aber jetzt habe ich erst einmal ein wunderbares langes Wochenende vor mir, das ich genießen werde!!!

09-05-2005
… auch mal wieder Schönes erlebt habe. Jaaaa … freu>
Pedro ist so zahm geworden, obwohl ich ihm täglich mit dem Kescher hinterherjagen muss, um ihm die Medis eingeben zu können.
Er lässt sich jetzt von mir sogar unter den Flügeln knutschen <lach> und sowieso am ganzen Körper streicheln.
Weißt Du, so ein Vertrauen, macht es irgendwie immer wieder wert, dass man ständig den ganzen Ärger und Stress am Hals hat.
P.S. … und seine Nüsschen teilt er mit mir auch. ☺

10-05-2005
Nüsse und Schokolade sind Hauptnahrungsmittel für mich. ☺ So was bleibt glücklicherweise an meinem Alabasterkörper nicht hängen. Das Einzige, das funktioniert, ist Langeweile. Aber davon habe ich im Moment nicht sehr viel. ☺
Pedro wird immer süßer. Eben hat er sich auf die Seite zur Knutschmassage in meine Hände gelegt. Hände knautschten ihn unter den Flügeln am ganzen Körper durch. Das Köpfchen war unter mein Kinn gesteckt. Nacken und Rücken wurden abgeknutscht. Meine Güte, ist der goldig!
Seit ich fies schmeckendes Braunovidon auf die Wunde schmiere, ist er auch nicht mehr drangegangen. Leider sollte man dies nicht mehr als drei Tage machen, da es die Wundheilung behindern kann. Mal schauen, wie es morgen ohne die Salbe wird.

12-05-2005
Da bemüht man sich, die Tiere gegengeschlechtlich und artgerecht zu verpaaren, und dann machen die lieben Kleinen einem einen Strich durch die Rechnung.
Schon wieder ein Fehlschuss von Amor: Inti und Pedro.

13-05-2005
Inti ist vom Körper her eine ganze Ecke größer als Pedro. Da er aber keine Federn hat, wirkt er kleiner als er ist.
Mehr Federn bekommen hat er meines Erachtens leider nicht. Bitte fair bleiben. Wir wissen nicht, wer Pedro gebissen hat

oder ob er überhaupt gebissen wurde. Er könnte sich auch so den Fuß verletzt und den weiteren Schaden durch Benagen verursacht haben, so wie er es jetzt auch immer noch macht.
Da Pedro – bis er wieder hergestellt ist – nicht im Tropenhaus lebt und ich die anderen auch nicht zu ihm lasse, kann ich zur weiteren Beziehung zwischen ihm und Oscarine derzeit nichts sagen.
Er muss jetzt erst einmal wieder gesund werden.

14-05-2005
Tja, da mir Pedros Fuß überhaupt nicht gefiel – eine Zehe sah wie mumifiziert aus –, bin ich heute früh wieder mit ihm zur Tierärztin gefahren.
Sie stellte fest, dass der Zeh abgestorben war und abgenommen werden musste.
Die Operation wurde mittags durchgeführt. Glücklicherweise hat Pedro sie gut überstanden. Als ich ihn kurz nach der Operation besuchte, kam er sofort zu mir, hat gefressen und schien relativ fit zu sein. Wir beschlossen, dass er wegen der Nachsorge vorerst bei der Tierärztin bleiben sollte.
Ich arbeite ja tagsüber und würde es zu spät merken, wenn etwas nicht in Ordnung wäre. Am Nachmittag kam dann ein Anruf aus der Praxis, dass Pedro nichts frisst. Ich bin also wieder hingefahren. Jede Strecke ist ungefähr eine Dreiviertelstunde. <seufz> Und wieder kam er sofort zu mir und fing völlig ausgehungert an zu fressen.
Jetzt habe ich ihn erst einmal mitgenommen und die Handynummer der Tierärztin, falls was ist. Bin völlig kaputt.

15-05-2005
Stöööhhhn …
Habe Pedro bis heute Nacht um vier Uhr im Bett gehabt. Als er dann unruhig wurde, habe ich ihn wieder zu Inti gesetzt. So weit so gut, dachte ich.
Bis heute Morgen hatte er den Verband fast ganz abgefrickelt und sich das verletzte und auch das „gesunde" Füßchen wieder blutig genagt.
Also bis um zehn gewartet bis die Praxis auf hatte, Tierärztin angerufen und wieder durch die deutsche Pampa gekurvt. Dann haben wir den verletzten Fuß neu verbunden, richtig dick eingepackt und mit „Schlaufen" dekoriert, damit er etwas zum Frickeln hat, ohne dass direkt der ganze Verband dran glauben muss. Zwei Zehen am gesunden Fuß haben wir leicht verpackt.
Dann haben wir ihm Baldrian, diverse Bachblüten, etwas gegen den Juckreiz und was weiß ich noch eingeworfen.
Vorsichtshalber hat mir die Tierärztin auch noch Valium mitgegeben, falls ich ihn wirklich ruhigstellen muss.
Dann bin ich wieder nach Hause gekurvt. Anschließend habe ich mir nur kurz etwas zu Essen gemacht. Dazu war ich nämlich heute noch gar nicht gekommen. Als ich danach Pedro kontrollierte, hatte er es bereits geschafft, zwischen dem Leukoplast und dem Leichtverband eine Lücke zu schaffen und dort den Fuß wieder blutig zu nagen. Am gesunden Fuß hatte er auch schon wieder den Verband beseitigt und eine Wunde genagt. <heul>
Das ist doch echt zum Mäusemelken!!!
Also die Tierärztin noch einmal angerufen und beratschlagt.

Dann den Vogel gefangen und ihn einhändig noch einmal verbunden – gibt es einen Einhändig-Ara-Verbind-Wettbewerb??? Den würde ich gewinnen!!! – wieder mit Deko!! –, während Pedro immer wieder versuchte, sich aus dem Handtuch zu befreien.

Zu guter Letzt habe ich ihm noch Valium gegeben, damit er endlich stillhält und seine Füße in Ruhe lässt. Bitte drückt uns die Daumen. Wir haben es echt nötig, wenn wir den Fuß retten wollen!

Liebe, ein wenig geschaffte, Grüße.

Ja, die Tierärztin und ich haben lange hin- und herdiskutiert. Eine Halskrause lehnen wir beide ab. Ich habe damit schon grottenschlechte Erfahrung gemacht, und die Tierärztin wohl auch.

Bepanthen habe ich schon probiert sowie Lebertransalbe, Braunovidon, Aloe, Rescue Creme, VulnoPlant, PlantaVet und Vulnuregel. Wir haben auch überlegt, „Gamaschen" über die Füße zu ziehen. Aber dann ist die Gefahr gegeben, dass er einfach an einer anderen Stelle weiternagt. Das Benagen des gesunden Fußes zeigt ja deutlich, dass er zu Übersprungshandlungen tendiert. Ich möchte nicht riskieren, dass er auch noch anfängt, sich die Oberschenkel oder gar den Bauch aufzuknabbern.

Das Valium schlägt an, und er schläft jetzt erst einmal beziehungsweise er versucht zu schlafen, verliert aber dabei immer wieder das Gleichgewicht.

16-05-2005
Die Nacht haben wir soweit, so gut überstanden; zumindest Pedro. Ich weniger, da er auf meinem Bauch hockte <gäääähn>. Ich habe jetzt aus einer CD, von der ich die Metallbeschichtung erst abgefrickelt hatte, doch einen Kragen gebastelt. Diesen habe ich aber noch nicht umgelegt, denn noch kann ich Pedro bewachen. Er sitzt gerade auf meiner Schulter, und jedes Mal wenn er frickelt, bekommt er ein Stück Klopapier zum Zerschreddern.
Nachdem er eben den größten Teil einer Klopapierrolle zerlegt hat, ist er jetzt ausgepowert und schläft wieder.
Heute Abend ziehen er und Inti zur Tierärztin um, weil ich ab morgen wieder arbeiten muss und den Vogel nicht unbeobachtet alleine lassen will. Wir hoffen, dass Inti ihn davon abhalten wird, wieder in den Hungerstreik zu treten.

Yikes!!! Habe Pedro eine „Verschalung" aus Pappe für den Fuß gebastelt. Sie sah aus wie ein großer Schneeschuh, der verkehrt herum angezogen ist und hielt gerade mal 15 Minuten – die Bastelzeit war gut das Doppelte ...
Dann habe ich ihm eine Halskrause aus Karton gebastelt, weil die CD zu eng war. Wenn ich das Halsloch noch größer geschnitten hätte, wäre nicht genug Rand dran gewesen, um das Knabbern zu verhindern. Der Karton wurde natürlich sofort angeknabbert. Also habe ich das Halsloch in der CD größer geschnitten und über den Karton gestülpt. Das „arme Tier", das vortrefflich simuliert hatte, gleich an

dem grässlichen Ding zu ersticken, zog es sich ganz einfach über den Kopf. So eng kann es dann wohl doch nicht gewesen sein.
Dann habe ich etwas in meinem Fundus gestöbert ... Hectors alte Halskrause gefunden. Ich möchte jetzt bitte bewundert werden. Ich habe es nämlich geschafft, mithilfe zweier Handtücher (eines für den Körper und eines für den Kopf) alleine beide Halskrausenteile um den Hals zu legen und mittels Schräubchen (fummelige kleine Dinger!) zu fixieren. Das macht mir so schnell keiner nach.
Dieses Teil war dann so schwer, dass Pedro damit immer nach vorne kippte ... am Füßchen hat er natürlich trotzdem geknabbert.
Der kleine ist sowieso ein Held in meinen Augen. Nach jeder dieser wirklich schrecklichen Aktionen ist er sofort wieder zu mir gekommen. Geradezu beschämend ist es, dass dieser Vogel mir so vertraut, wo ich im Moment echt gemein zu ihm bin.
Jetzt habe ich ihm wieder ein bisschen Valium gegeben und hoffe, ihn so bis zum Tierarztbesuch heute Abend ohne weitere Verletzungen durchzubekommen.

17-05-2005
Danke!
Habe gestern Abend Pedro und Inti zur Tierärztin gebracht. Leider hat ihre Kollegin mir lauter Horrorgeschichten von solchen Tieren erzählt, die ihre Wunden nicht in Ruhe lassen. Nun, sie wollte mich wohl vorwarnen, dass diese

Selbstverstümmelung tödlich ausgehen kann. Aber ehrlich gesagt, brauche ich sowas in diesem Moment nicht zu hören. <seufz>
Wie dem auch sei, die beiden Tierärztinnen haben Pedro völlig neu verpackt. Er sieht jetzt aus wie ein kleines Klumpfußi. Zusätzlich hat er eine Riesenhalskrause anbekommen. Sie ist so groß, dass er kaum noch stehen kann. Dennoch hat er es innerhalb von Minuten geschafft, wieder an seine Füße zu gehen. <heul>
Ich werde heute mal mit meinem Chef sprechen und versuchen, meine Ferien vorzuverlegen. Notfalls binde ich mir Pedro zwei Wochen auf den Bauch, damit er seine Füße in Ruhe lässt. Drückt uns die Daumen, dass ich frei kriege.
Noch eine Info, die ich extrem wichtig finde. Die Tierärztin, die mit Professor Kaleta von der Uni Gießen zusammenarbeitete und massig Papageienerfahrung hat, meinte, dass Handaufzuchten extrem zu diesen selbstzerstörerischen Verhaltensweisen neigen. Sie lehnt die kommerzielle Handaufzucht völlig ab, weil diese Tiere „alle einen an der Klatsche haben". Naturbruten würden mit solchen Situationen viel, viel besser umgehen. Pedro ist natürlich eine Handaufzucht. Meine Güte, was für ein Unrecht fügen wir den Tieren mit der Handaufzucht zu!

Am Wochenende hatte ich es unter anderem auch mit so einer Halskrause versucht. Aber leider ging er sofort wieder an seine Füße dran. Die Halskrause hat ihn leider überhaupt

nicht beeindruckt. Der Destruktionswille dieses Tieres übersteigt sämtliche Vorstellungskräfte.
Selbst mit der jetzigen, riesengroßen Halskrause kommt er immer noch an seine Füße. Aber wir haben sie jetzt so „dekoriert", dass er dies, zumindest im Moment, spannender findet als seine Füße.
P.S. Meine selbstgebastelte Halskrause war keine Metallkrause, lediglich eine CD, von der ich die Metallbeschichtung entfernt hatte.
Mit ansehen, wie Pedro sich mit der Halskrause abquält, ist nicht schön. Aber zuzuschauen, wie er sich seine Füße abnagt, ist noch weniger schön. Wir versuchen hier, sein Leben zu retten!

Ach ja, das habe ich glatt vergessen zu schreiben: Ab morgen habe ich zweieinhalb Wochen Ferien. Das Pedro-Problem müssen wir doch in den Griff kriegen können!!!

Hab ihm grad einen Popo-Knutscher von Dir gegeben, als er mir denselbigen gerade ins Gesicht steckte. Er wird es schon noch lernen, dass ich in diesem Haus den dicksten Dickkopf aller Dickköpfe habe. Meine anderen Vögel haben das ja auch irgendwann verstanden. Ja, natürlich wird die Dauerbewachung der nächsten zwei Wochen oder so anstregend, aber er ist es doch wert!

18-05-2005
Guten Morgen!
Pedro hat eine gute Nacht verbracht, auch wenn man immer wieder Proteste von Inti hörte, dem es sehr missfiel, die Halskrause in die Seite gedrückt zu bekommen, wenn Pedro sich an ihn ankuschelte.
Pedro hat heute Morgen ein paarmal versucht an sein Füßchen zu gehen, wurde aber von mir jedes Mal streng ermahnt. Jetzt schläft er. Brav sein scheint halt doch ermüdend zu sein. So weit, so gut.
Die Deko an der Halskrause habe ich erneuert und sowohl Zeitungspapier als auch eine Klopapierrolle zum Schreddern auf dem Spieldach angebracht.
Wie schön es ist, wenn sie ruhig sind! ☺

Gerade fing er wieder an, sich massiv an die Füße zu gehen. Jetzt habe ich ihm eine Schale abgekochte Körner hingestellt.
… Beschäftigungstherapie …

<lach> So verlockend es ist, ihn in einen noch größeren Kragen zu stecken – er muss ja noch sitzen und fressen können. Aber ich habe noch eine Halskrause in der Schublade, deren Durchmesser fast zwei Zentimeter mehr als der jetzige ist. Ein weiteres Problem ist auch, dass Papageien

schnell schocken können, wenn man es – aus ihrer Sicht – übertreibt. Dann hätte ich einen Vogel mit unangeknabberten Füßen, der aber leider tot ist. Suboptimal. Bin eh erstaunt, wie gut er alle bisherigen Maßnahmen wegsteckt.

19-05-2005
Ummmm ... mein Chef war nicht verständnisvoll ... ich habe ihm gar nicht gesagt, warum ich jetzt sofort Ferien brauche. <grins>
Den letzten richtigen Urlaub hatte ich im Jahre des Herrn 2002 in Costa Rica. Die Jahre danach habe ich mich nur mit meiner Baustelle beschäftigt und mit den lieben Kleinen natürlich.

Schickt mir einfach schön weiterhin positive Energie. Es hilft.
Pedrolein hat mir heute einen Riesenschreck eingejagt. Ich kam nach einem aushäusigen Termin nach Hause und er war weg. Ich bin amok gelaufen und habe sogar im Garten nach ihm gesucht. Es war wirklich schrecklich.
Zu guter Letzt fand ich ihn dann unter dem Käfig, wo er gemütlich vor sich hin pooofte ...
Zur Strafe habe ich seine Halskrause noch ein bisschen weiter dekoriert ... Nein, nicht wirklich, so gemein bin ich nicht. Er hatte nur die ganzen Dekos abgefressen, und die mussten erneuert werden. Besser Deko als Fuß und Verband.

Nein, mein Chef war nicht sauer. So meinte ich das auch nicht. Er ist halt nur nicht der große Tierfreund, und sein Verständnis für so was würde ich eher als begrenzt einstufen. Also habe ich ihm einfach lapidar gesagt: „Ich möchte meinen Urlaub vorverlegen, weil es besser passt." Stimmt ja auch. ☺

20-05-2005
Ja, in der deutschen Sprache sind wir „Sssaupreissn" Euch Bayuvaren wohl doch überlegen. ☺ Sorry, konnte ich mir nicht verkneifen. ☺ Poofen ist schlafen.

War heute wieder bei der Tierärztin zum Verbände wechseln. So weit, so gut. Die Wunde heilt ganz gut, jetzt wo er ständig bewacht wird, sodass er nicht dran geht. Also haben wir die Füßchen frisch verpackt und schauen Montag wieder nach. Bis dahin trägt Pedro weiterhin eine fesch dekorierte Halskrause, Klopapier usw. Ich werde jetzt richtig kreativ. Ich glaube, ich werde unter dem Klebeband Nüsschen, Wattestäbchen und ähnliches verstecken. Das sollte die Beschäftigungstherapie noch einmal in „Overdrive" kicken, oder???

21-05-2005
Hach was bin ich müde. Lily hat bei mir im Bett geschlafen. Die Agas sind aus irgendeinem Grund ins Badezimmer

umgezogen. Auf einmal gehen sie ständig auf Wanderschaft. Vielleicht suchen sie, jetzt wo die Kleinen richtig flügge sind, ein neues Revier? Machen Agas das? Ich kenne sie eigentlich nur als extrem ortstreu.

Vielleicht sollte ich sie doch ins Tropenhaus lassen. Bin nur ein wenig nervös, weil Scarlett beim ersten Versuch Klein-Timmy so gejagt hat.

Chrissie hat sich gestern ins Dachgeschoss verirrt und rief gestern und heute Morgen jämmerlich nach Polly. Als ich ihn dann heute Mrogen fing, um ihn wieder umzusiedeln, hat er sich furchtbar in meinem Mittelfinger festgebissen. Ungeschickt von mir, aber weh tut es trotzdem. Yikes. Und bedankt hat er sich auch nicht.

Pedro war artig und sieht ungefähr so müde aus, wie ich es bin. Glücklicherweise gibt es ja Make-up ... für uns Ungefiederte natürlich. ☺

Ich soll Pedro ein dickes Buch vor die Nase stellen? Den Fehler mache ich nie wieder!!! So haben meine Grauen gelernt, dass Bücher irrsinnig lustig zu zerschreddern sind, was ich weniger lustig finde. Blöder Fehler.

22-05-2005
Umzug!
Nachdem Klein-Timmy und die Zwillinge, an den Sprossen der Glastür hängend, schon seit Tagen immer wieder

sehnsüchtig ins Tropenhaus blickten, sind sie heute selbsttätig dahin ausgewandert, mit Zwischenstopp im Dachgeschoss. Dort gelang ihnen dann der Durchbruch durch einen Spalt in der Vergitterung, der für die größeren Papageien viel zu eng zum Durchschlüpfen ist.
Glücklicherweise waren sie den Großen im Wohnzimmer schon so oft begegnet, dass es keinerlei Berührungsstress gab… vielleicht sollte ich so was gar nicht schreiben. <auf Holz klopf>
Zur Feier des Tages habe ich erst einmal eine Riesenportion Körner abgekocht, damit auch der Kleinste etwas abkriegt. Die kleinen Agas sind, im Gegensatz zu Jazz und Aladdinchen, so gar nicht erpicht auf Frisches und auf Nüsschen. Na, das wird sich schon noch geben. Ich verlasse mich voll und ganz auf den Futterneid.
Mittlerweile hat meine freundliche Gartenamsel das Obst-Depot vor der Gartentür gefunden und hat in den letzten Tagen mit großer Begeisterung eine Birne alle gemacht. Dabei hat sie gar keine Angst. Selbst dann nicht, wenn ich direkt vor dem Fenster der Gartentür stehe.
Einerseits freut's mich, andererseits ist es ein wenig lästig, weil ich jetzt alles Frischzeugs erst desinfizieren muss. Wer weiß schon, was die Amsel mit sich herumschleppt …
Lisa, meine kleine, scheue Graue, hat sich gestern von mir gleich zweimal den Rücken streicheln lassen. Warum weiß ich allerdings auch nicht.

Habe eben so gelacht. Ich hatte eine Tüte Pinienkerne (Jacks Leibspeise!) unter dem Computertisch vor ihm versteckt. Die hat er mit Adleraugen erspäht. Ehe ich bemerkte, was er vor hatte, hat er sich, bescheiden, wie er halt so ist, gleich die ganze Tüte gekrallt. Wortwörtlich !!!
Was er nicht mehr fressen konnte, hat er den Hunden weitergegeben.
Satt und glücklich sitzt er jetzt auf meiner Schulter.
Ich glaube ich gönne mir jetzt auch erst einmal was und mache mir einen Rotwein auf.

23-05-2005
Juuubel!!! Inti hat soeben zum ersten Mal mit mir gespielt, und das kam so. Ich war mal wieder mit Pedro bei der Tierärztin und habe ein neues Program für ihn, da wir bei einem der Füße jetzt den Verband abgemacht haben. Das Füßchen wird jetzt täglich in Kamillentee gebadet und eingecremt. Pedro selbst bekommt dann noch seine Medis und natürlich eine fette Belohnung. Anschließend haben wir das Klopapierblattspiel gespielt.
Ich halte ihm ein Blatt Klopapier hin, er beißt rein und unter lauten Gejuchze machen wir ein Tauziehen damit, bis er ein Stück herausgerissen hat.
Inti schaute neugierig zu. Also habe ich ihm auch ein Blatt hingehalten. Ugh … fand er gar nicht gut. Aber als er dann doch hinblickte, habe ich jedes Mal laut gejuchzt. Es dauerte nicht lange, bevor er das Blatt mit dem Schnabel berührte. Wieder habe ich ihn richtig gefeiert. Kurz darauf

hat er mit mir, genau wie Pedro vorher, das feinste Tauziehen veanstaltet. Danach hat er sogar noch ein Erdnüsschen genommen, dass ich ihm auf einem längs gefalteten Blatt Klopapier anbot. Meine Hand war nur wenige Zentimeter von ihm entfernt.
Immer wenn Inti nicht mehr spielen wollte, habe ich stattdessen mit Tina, die auf meiner Schulter saß, gespielt. Sofort „wollte" Inti auch wieder spielen.
Ich weiß, das hört sich wie „nichts" an. Was ist schon an so einem Klopapierspiel dran. Aber für ihn ist das ein Riesenschritt. Er rennt ja immer noch auf die andere Seite des Käfigdachs, wenn man sich dem Käfig nähert.
Und Spielen kannte er bis vor Kurzem auch nicht. Es war ja ein Akt, ihn dazu zu bekommen, mal an ein paar Ästchen zu nagen. Die Klopapierrolle hat er heute Abend dann auch noch traktiert. Das hat er von Pedro gelernt.

26-05-2005
Geht doch!
Habe vorgestern einen Freisitz gekauft und aufgebaut. Heute habe ich den großen Käfig, auf dem Inti und Pedro nun schon seit einiger Zeit hocken, abgebaut.
Die Umquartierung ging ganz gut. Der Freisitz wurde natürlich vorab völlig umdekoriert mit Naturästen, zusätzlichen Fressschalen, der Standard-Zubehör-Klopapierrolle, Knabberästchen und Spielzeug.
Heute Mittag habe ich Inti ein Maiskolbenrad hingehalten mit jeweils einem hochgebogenen Maiskorn. Damit sollte

er endlich lernen, dass der leckere Mais, den er so gerne frisst, nicht nur die Einzelkörner aus der Tiefkühlpackung sind, sondern auch das gelbe Zeug am Kolben.

Das Maiskolbenradmonster war Inti alles andere als geheuer. Sobald ich ihm damit zu nahe kam, hat er erbost reingehackt. Dadurch ist er dann aber auch auf den Geschmack gekommen. ☺

Jetzt eben saßen Pedro und Inti über Eck und Pedro kämpfte ein wenig mit einem Maiskolbenrad, was ja mit der Halskrause ein schwieriges Unterfangen ist, da er das Ding nicht mit dem Füßchen halten kann. Also habe ich es für ihn gehalten und bin dann dazu übergegangen, die einzelnen Körner für ihn abzupulen und ihm quasi mundgerecht zu reichen.

Inti blieb sitzen statt vor mir wegzulaufen und schaute interessiert zu. Also bot ich ihm auch etwas an (Luft anhalt und um Finger zittere, da er gerne nach allen vermeintlichen Eindringlingen hackt). Und siehe da, er nahm ein paar Maiskörner – und schmiss sie alle zu Boden. Naja, einen Versuch war es wert.

Dann holte ich ein paar Erdnüsse (ungesalzen, geröstet in Lebensmittelqualität!), und siehe da, auch diese nahm er auf einmal aus der Hand – und fraß sie sogar; witzigerweise erst nur ganze Nüsse und nicht die Hälften, die er wegschmiss. Doch irgendwann kapierte er es und fraß auch die Hälften. Mittlerweile war der Mais alle. Ich holte für Pedro ein paar Pinienkerne und bot diese auch Inti an. Auch diese nahm er brav (lies: ohne zu hacken oder zu beißen) aus meiner Hand. Anschließend probiere ich es noch mit ein paar

Sonnenblumenkernen. Auch diese nahm er, bis sein Kropf prall gefüllt war. Interessanterweise nahm er sie nicht aus der Schale, die ich ihm hinhielt, sondern lieber aus den Fingern. Wäre schön zu denken, dass ihm nun die Aufmerksamkeit von mir auch ein kleines bisschen gefällt.
Es sieht tatsächlich so aus, als ob nach langen Monaten der Geduld das Eis jetzt wohl gebrochen ist Er war wirklich eine harte Nuss zu knacken. Allerdings, wen wundert's, wenn man an den Zustand denkt, in dem er hier ankam.
Also Leute, die ihr auch mit schwierigeren Vögeln zu tun habt. Ich hoffe dies inspiriert Euch, ein wenig Mut und Geduld zu haben und einfach dranzubleiben. Auch wenn Ihr manchmal meint, „Das klappt nie".

Andere Neuigkeiten aus „Papageienhausen" – als ob das nicht reicht: Berry bekam gestern ihren Nabelbruch, den sie seit Geburt hat, operiert. Snow ist derzeit, damit Berry bloß still hält und die Naht nicht aufreißt, bei ihrer Freundin Rosi und deren fellosen „Eltern" Natascha und Peter einquartiert. Die Operation hat Berry gut überstanden. Aber das Nicht-Fressen-dürfen fand sie ziemlich blöd. Jetzt schläft sie und schläft und schläft.
Pedros eines Füßchen, das seit Montag „ausgepackt" ist, macht sich gut. Er ist „toi, toi, toi" auch nicht wieder drangegangen. Morgen fahren wir wieder zur Tierärztin und versuchen, das zweite Füßchen ein bisschen freizulassen, in der Hoffnung, dass er auch dieses Füßchen nicht wieder

anknabbert. Der Stumpf des amputierten Zehs muss erst einmal weiter eingepackt bleiben, bis er richtig verheilt ist. Also hoffen wir, dass er trotzdem nicht dran geht.

Inti hat durch Pedro deutlich mehr Selbstbewusstsein gekriegt. Ja – meine beiden schwulen, nicht artgerechten Jungs ... <lach>. Da bemüht man sich, lauter passende Partner bereitzustellen, und hier geht es zu wie im alten Rom: Menages a trois, Lesben, Schwule und eingeschworene Junggesellen. Sei's drum. Hauptsache, sie sind glücklich, und es ist ihre Wahl.
Inti scheint sich in der Tat einiges bei Pedro abzuschauen, und lässt mit ihm auch zum ersten Mal wieder einen anderen Papagei an sich heran. Das ist auch viel wert.
Den Käfig habe ich abgebaut, da er mittlerweile überflüssig war. Inti ist eh nicht mehr in den hineingegangen, nur Jack und Timmy, die aus irgendeinem Grund ein „Ding" für Käfige und viel zu kleine Transportboxen haben, sind ab und an hineingeklettert, und das war's. Und schön war das Ding wahrlich nicht. So ein riesengroßer, dunkler Klotz im Wohnzimmer. Da wirkt der Freisitz doch um Einiges „luftiger".
Ganz abgesehen davon, bietet er viel mehr interessante Klettermöglichkeiten, als das Käfigdach. So hoffe ich, dass Intis Feinmotorik besser wird durch das erzwungene Klettern, um an all die Leckerbissen in den verschiedenen Schalen heranzukommen.
Bin ganz stolz auf mein Intilein, er macht sich wirklich gut.

29-05-2005

Inti trinkt seit gestern aus einem Glas verdünnten Kräutertee. Essenstechnisch ist er viel probierfreudiger geworden. Komischerweise orientiert er sich dabei mehr an mir als Vorbild statt an Pedro.

Wenn Into etwas nicht probieren oder fressen möchte und ich abbeiße und es ihm dann wieder anbiete, dann beißt er herzhaft hinein. Auch wenn er anschließend manchmal feststellt, dass er es gar nicht mag. So haben wir jetzt Aprikosen, gelbe Paprika, Nektarinen, Nudeln und Taco Chips durchprobiert.

Im Grunde genommen, lasse ich ihn alles mal kosten und zwar erst einmal unabhängig davon, ob es ungesund ist oder nicht. Die Minimengen, die er bekommt, sind ohnehin harmlos. Mir geht es derzeit primär darum, seinen kulinarischen Horizont zu erweitern.

Bei Pedro habe ich es gestern gewagt, die Halskrause zu entfernen. Er hat zwar, von mir mit angehaltenem Atem beobachtet, seinen Fuß durchgepflegt, jedes Hautschüppchen und Schorf entfernt, aber er hat glücklicherweise nicht wieder dran genagt.

Also weiter Daumen drücken.

30-05-2005

Inti hat mich gestern kurz seinen Schnabel streicheln lassen. Pedro war währenddessen ein sehr guter Patient. Er hat den ganzen Tag kuschelnd auf meiner Schulter verbracht und dafür seine Füße in Ruhe gelassen. Nur wenn ich mit der

Salbe komme, ist er gar nicht so begeistert. Aber da muss er jetzt noch durch.
Gestern Abend saß er dann vor der Tür zum Tropenhaus und schaute mit sehnsüchtigen Blicken hinein. <seufz> Aber so weit ist er einfach noch nicht, als dass ich ihn zu den anderen lassen kann.

06-06-2005
Ich hatte in den letzten Tagen einfach keine Zeit, hier zu schreiben. Es gab aber auch nichts Neues. Aber heute Abend wurde fleißig aufgeholt. Denn auf dem Weg von der Arbeit bin ich ein paar Nachbarkindern begegnet, die ich öfters bei meinen Hundespaziergängen treffe. Da ich ein paar Federn für sie aufgehoben hatte, sind sie, nebst Freund und Mutter dann ein wenig später bei mir vorbeigekommen. War das eine Gaudi. Die Kinder im Tropenhaus herumwuseln zu lassen, war mir allerdings zu heikel. Also habe ich ein paar Papas, die zu uns wollten, ins Wohnzimmer geholt. Allen voran natürlich Jack und Scarlett, die auf allen herumturnten und sich verwöhnen ließen. Die Kids und auch die Mutter hatten wirklich ein gutes Händchen und haben sich genau an die „Gebrauchsanleitung", die sie von mir bekommen hatten, gehalten. So sind Jack und Scarlett zu allen hin, was zuerst mit Herzklopfen und dann mit immer größer werdender Begeisterung quittiert wurde.
Dann kam Pedro einem der Jungs auf den Rücken geflogen und besuchte dann jeden. Lily, Tina und Polly ließen sich auch nur zu gerne Leckerlis zustecken.

Nur zu schnell hatten die Kids es raus, wie man einen Geier mit Futter auf den Arm locken kann. Und das Beste?! Fanfarentusch ... Inti hat sich von allen füttern lassen, so als ob er noch nie etwas anderes gemacht hätte. Ist das nicht klasse?

8. Haltungsfragen

14-06-2005

Da ich so viele Vögel habe, besteht das Problem mit den Minimengen bei mir nicht. Deswegen ist meine Fütterung etwas anders aufgebaut als bei einem Halter mit einem Pärchen. Für mich ist die Frage weniger, wieviele Tage die Vögel Papaya fressen müssen, um eine aufzubekommen, als wo ich diese Mengen so günstig bekommen kann, dass ich nicht im Armenhaus lande, wenn ich entsprechende Mengen, die für alle Tiere reichen, zur Verfügung stelle.

Im Grunde genommen bedeutet das, dass ich die Komponenten vom Papageienmenü über einen Zeitraum füttere.

Morgens Obst und Gemüse, beeinflusst von Jahreszeit und Angebot. Dabei Betonung auf gelbe, orange, rote und dunkelgrüne Sorten wegen des Vitamin-A-Gehaltes. Bei mir sieht das dann so aus, dass ich an einem Morgen zum Beispiel sechs Maiskolben und sechs Papaya „reinwerfe". Am nächsten Tag sind es Paprika, Pfirsiche und Brokkoli.

Brokkoli ist sehr wichtig, da es Kalzium und Phosphor in genau dem richtigen Verhältnis für Papageien beinhaltet, sodass der Organismus es optimal aufnehmen kann.

Ich nehme auch viel Gefrorenes in Großpackungen. Da dies am Ernteort schockgefroren wird, kann man davon ausgehen, dass es wesentlich vitaminhaltiger ist als Frischware, die quer durch Europa oder weiter gekarrt wurde, anschließend mehrere Tage im Supermarkt und dann auch noch im Kühlschrank lag. Ideal sind natürlich Sachen aus dem eigenen Garten, wenn der nicht gerade neben einer Hauptverkehrsstraße liegt.

Abends gibt es vorwiegend Nüsse verschiedener Sorten zur freien Verfügung. Von Palmfrüchten sehe ich ab, da ich die Gefahr als viel zu hoch einschätze, dass die Gefrierkette vom Ursprungsort bis hier unterbrochen wurde. Das Risiko muss man nicht eingehen, und es gibt bei den Dingern ein gravierendes Schimmelproblem.

Da Papageien in Ursprungsländern mittlerweile immer wieder dazu übergehen, Felder und Plantagen zu plündern, deswegen auch abgeschossen werden, obwohl sie unter Naturschutz stehen, kann man meines Erachtens nicht behaupten, dass Obst und Gemüse nicht artgerecht sei. So mancher Papagei in der freien Wildbahn hält sich damit vortrefflich „über Wasser" – zum Leidwesen der Landwirte.

Körnerfutter gibt es bei mir nur abgekocht. Hin und wieder gibt es Legumes, Pasta, Reis und Kartoffeln.

Tierisches Protein gibt es so gut wie nie, da es die Harnsäure erhöht, die Ausscheidungsorgane unnötig belastet und längerfristig zu Gicht führen kann.

Ich habe nichts gegen Sonnenblumenkerne. Wohl aber dagegen, dass manche Halter ihre Tiere ausschließlich damit ernähren. Das führt zu gravierenden Mangelerscheinungen.

Habe etliche solcher Kandidaten ins Papageienparadies übernommen, die sich aus reichgefüllten Körnerschalen nur die Sonnenblumenkerne herauspickten.

Sonnenblumenkerne gibt es bei mir nur geschält und in Lebensmittelqualität, so wie alles, was ich füttere.

Außer „normalen" Nüssen gibt es Erdnüsse (wichtig wegen des Lysins). Aufgrund der Aspergillose-Gefahr muss man hierbei besonders auf Qualität achten. Tierfutter geht meines Erachtens gar nicht! Ich füttere nur die von Ültje gerösteten und ungesalzenen.

Zusätzlich gibt es Mariendistelsamen für die Leber. Bei vielen Papageien ist die Leber angegriffen, da sie in zinkhaltigen Käfigen leben mussten oder Aspergillose haben, durch sporenbelastetes Körnerfutter oder andere Haltungsmängel. Die Stoffwechselprodukte dieser Schimmelpilze sowie die notwendige Behandlung belasten die Leber. Der Wirkstoff in Mariendistelsamen kann die Leber bei der Regenerierung unterstützen.

Wenn man ausgewogen ernährt, bekommen die Tiere alle Vitamine und Mineralien, die sie brauchen. Man sollte dabei aber auch vermeiden, dass sie Sporen und Krankheitskeime bekommen, die sie nicht brauchen!

In einem Vortrag, den ich im letzten Jahr hörte, wurde eine Untersuchung erwähnt, bei der das Futter von erkrankten Tieren ebenfalls untersucht wurde. In allen Fällen fand man dieselben pathogenen Keime, die die Papageien befallen hatten, auch im Futter. Das sollte zu denken geben.

Zusätzlich biete ich Heilerde an und Grit. Außerdem bekommen meine Süßen rotes (unraffiniertes) Palmöl aus

biologischem Anbau. Dieses rote Palmöl beinhaltet hohe Mengen Vitamin A, von dem Papageienkörper viel mehr benötigen als zum Beispiel wir Menschen.
Um die Vögel leichter auf neues Futter umzustellen, kannst Du ungefähr zehn Prozent, des bisherigen Futters mit dem Papageienmenü ersetzen. Dies pürierst Du vorher oder hackst es sehr, sehr klein. So kommen sie auf den Geschmack. Nach und nach kannst Du dann die Menge erhöhen und das Futter immer gröber hacken, bis Du sie umgestellt hast.
Bei mir ist das immer sehr schnell gegangen, meist innerhalb einer Woche, auch bei älteren Vögeln.

Beim Papageienmenü ist nicht viel Kochen involviert – wohl aber Schnippeln. ☺ Obst und Gemüse bleiben roh, ersetzen also somit zusätzliches Obst und Gemüse. Ich würde ihnen davon so viel geben, wie sie wollen. Es ist ja sehr gesund.
Körner sind, wie du vielleicht weißt, echt umstritten. Oft sind sie eine Keimschleuder, oft ein Beitrag zur Aspergillose-Erkrankung und außerdem nicht artgerecht, da es im Regenwald sicherlich keine trockenen Körner gibt. Außerdem verführen Körner oft zur Monodiät, da der Vogel sich nur das herauspickt, was er mag.
Ich gebe das Papageienmenü immer morgens. Wenn es anfängt, komisch zu riechen, gehen die Geier auch nicht mehr dran. Dies passiert aber nur an extrem heißen Tagen, wenn es sehr lange in den Futterschalen herumstand. Normalerweise hält es sich gut und riecht auch abends noch gut.

Damit es nicht gammelt, würde ich die benötigte Portion morgens schnell im heißen Wasserbad aufwärmen. Ich würde es nicht über Nacht auftauen lassen. Andere Zutaten kannst Du nach Gusto hinzufügen. Wichtig ist, dass alles vorkommt, damit alle Nährstoffe abgedeckt sind. Interessanter kannst Du es für das Tier machen, indem Du zwei Varianten vom Papageienmenü herstellst mit jeweils der Hälfte der Zutaten oder indem Du die Zutaten einfach nicht sehr gründlich mischst. So bekommen die Tiere jeden Tag eine etwas andere Mischung.

Aufgrund des Infektionsdrucks ist Körnerfutter ein wesentlicher Kontributor zu Aspergillose-Erkrankungen. Da in den meisten Haushalten weder Luftfeuchtigkeiten über 70 Prozent noch 10.000 Lux noch kilometerlanges Fliegen angeboten werden können, ist es enorm wichtig, den Infektionsdruck so niedrig wie möglich zu halten. Deshalb sollte man auch auf keinen Fall organische Einstreu benutzen.

15-06-2005

Bezüglich Grit kann man geteilter Meinung sein. In Deutschland gilt Grit als lebenswichtig. In den USA wird Papageien meist kein Grit gegeben. In beiden Ländern scheinen die Tiere dennoch verhältnismäßig gut (wenn man so etwas von einem Leben in Gefangenschaft überhaupt behaupten kann) zu leben.

Ich biete meinen Tieren Grit an. Wer will, kann sich was nehmen. „Normal" ist eine Aufnahme von circa zwei Gritsteinchen im Monat. Also wirst Du eh nicht sehen, dass große Mengen aus dem Napf verschwinden. Meine spielen allerdings gerne damit.

Auch Heilerde biete ich frei an, sodass die Tiere sich nehmen können, was sie möchten. In der freien Wildbahn fressen Papageien Lehm. Es ist nicht abschließend geklärt warum. Vermutet wird entweder wegen der Mineralstoffe oder, um Nahrungsgifte besser ausscheiden zu können oder zu neutralisieren.

Nüssen aus dem Supermarkt, geschält und von namhaften Firmen, kann man schon vertrauen. Lebensmittel werden vom Gesetzgeber wesentlich strenger kontrolliert als Ziervogelfutter. Das fängt schon mit einer ganz anderen Eingangsqualität an. Ich präferiere außerdem Bio-Artikel, da ich meine Tiere nicht unnötig mit Pestiziden belasten möchte.

In einer kürzlich veröffentlichten Studie wurde bezüglich Körnern und der Gefahr einer Monodiät festgestellt, dass Gerste, Dari, Hirse und Mungobohnen von den Tieren wenig oder gar nicht gefressen wurden. In allen Versuchsgruppen lag die Gesamtaufnahme von Sonnenblumenkernen jedoch bei mehr als 50 Prozent.

16-06-2005

Es ist falsch zu behaupten, dass die Halter von Rupfern Tierquäler sind. Ganz falsch! Ich kenne etliche Halter, die ihre

Tiere verpaart haben, sogar in Gruppen halten und deren Tiere trotzdem Rupfen. Ich habe hier bei mir zwei Graue in einem Schwarm von sechs.

Wenn das für Dich der Maßstab aller Dinge ist, dann gibt es hier sehr viele Tierquäler … die Tiere rupfen, also müssen sie ja nach Deiner Aussage zu urteilen, schlecht behandelt oder gehalten werden.

Die zwei Weibchen, die bei mir sitzen und rupfen, waren beide von Anfang an verpaart und kommen nicht aus schlechter Haltung. Sie sind allerdings beide Handaufzuchten!

Meines Erachtens ist Training Beschäftigungstherapie. In der Gefangenschaft langweilen sich die Tiere entsetzlich. Sie sind überhaupt nicht ausgelastet. Knabbern an ein paar frischen Zweigen ersetzt keine geistige Beschäftigung. Sie sind nun einmal sehr intelligent und müssen auch geistig gefordert werden. Das gehört meines Erachtens zu einer artgerechten Haltung dazu. Ob man dies nun erzielt, indem man das Futter versteckst, sodass sie suchen oder tüfteln müssen, um dran zu kommen, oder indem man sie Aufgaben lösen lässt, bleibt jedem selbst überlassen.

Hast Du schon mal Papageien in der freien Wildbahn beobachtet? Würde ich dir sehr empfehlen. Oder lies wenigstens ein paar Freiland-Studien.

Sie verbringen den größten Teil des Tages mit der Futtersuche. Außerdem leben sie im Schwarm. Außerdem haben sie kilometerweise Raum zum Fliegen Außerdem haben sie unzählige Bäume zum Entblättern. Außerdem schützen sie sich vor Fressfeinden. Außerdem gehen sie dem Brutgeschäft nach. Das Überleben und Gedeihen im Dschungel erfordert Intelligenz und Geschicklichkeit.

Eine Frau vom Zirkus, die eine Papageien-Show hat, kommt zweimal im Jahr zu meiner Haustür. Von ihr erfuhr ich, dass sie ihre Haltung an jedem Ort vom Tierarzt überprüfen lassen müssen (Kosten jeweis 75 Euro). Ich wünschte mir, dass jeder private Halter so überprüft werden würde.

Ob Papageien Besuch und Kunststückchen mögen, hängt sehr davon ab, welches Verhalten sich in der Vergangenheit für sie gelohnt hat. Meine liiieben zum Beispiel Besuch und bieten von sich aus Kunststückchen an, bis sich jemand erweichen lässt, ihnen Leckerlis zu geben. Ihr glaubt nicht, wie schnell sogar Neuzugänge, die aus wirklich schlechten Haltungen kommen, bei mir Gefallen daran finden.

Papageien lieben Drama! Außerdem wird Besuch als willkommene Unterhaltung gesehen. Mein liebstes Beispiel davon ist ihr Umgang mit Handwerkern. Kürzlich stemmte ein Installateur mit einem Presslufthammer (=Höllenlärm) den Boden im Papageienhaus auf, um neue Abflüsse zu legen. Jedes selbstrespektierende Beutetier hätte sich in die letzte Ecke verziehen müssen. Meine Bagage rangelte stattdessen um die besten Aussichtsplätze. Als die alle belegt waren, landeten sie sogar auf dem Installateur, um besser gaffen zu können.

Wie sie mit Fernsehkameras umgehen, werden wir dann sehen. Ehrlich gesagt, ist die Beleuchtung ein größeres Problem als die Kameras. Diese Hochleistungslampen können

sehr heiß werden. Deshalb werden wir bei dem Dreh versuchen, ohne auszukommen.
Um das Kamerateam mach mir mehr Sorgen, als um die Geier. Wenn man das nicht gewohnt ist, kann es ganz schön überwältigend sein ... Bin mal gespannt.

17-06-2005
Bei mir sind übrigens beileibe nicht alle Tiere geclickert. Mir fehlt einfach die Zeit. Mit denen, die im Prinzip trainiert sind, habe ich schon laaange nichts mehr gemacht. Nur ab und zu zur Demo, wenn Besuch kommt und wenn etwas nötig ist, wie zum Besipiel das Schnabelschleifen bei Jack. Ich habe echt Schuldgefühle, weil ich nicht dazu komme, mit ihnen zu clickern, weil ich weiß welchen ungeheuren Spaß es ihnen macht.
Spaß ist eben das Stichwort. Wenn es ihnen Spaß macht zu üben, warum sollte man ihnen das versagen? Clickertraining beruht völlig auf Freiwilligkeit. Wenn man es allerdings nie ausprobiert hat, weiß man nicht, was man verpasst.

19-06-2005
Die Kraft und die Energie für all meine Aktivitäten geben die Tiere mir, glaube ich.
Heute war übrigens das Fernsehen bei mir und hat den ganzen Tag gefilmt. Bin völlig k.o., aber es hat Spaß gemacht. Stellt Euch vor, man muss zehn Stunden filmen, um nachher genug Material für einen Sendungsbeitrag von zehn

Minuten zu haben. Ich sage Euch dann noch Bescheid, wann es genau gesendet wird.

20-06-2005
Ach die Geier schliefen größtenteils. Es war soooo warm …

Ich habe übrigens anlässlich der Fernsehsendung mal angefangen, eine Website zu basteln mit viel Hilfe von lieben Freunden. Es ist alles noch ein wenig chaotisch, aber ich denke, man kann erkennen, was draus werden soll.

21-06-2005
Neeee … der Fernsehsender ist nicht einfach mal so auf mich gekommen. Ich habe sie auch nicht eingeladen. Die liebe, süße Andrea hier aus dem Forum hat sie angeschrieben und ihnen von mir erzählt. Vor zwei Wochen kamen sie dann zum Casting zu mir. Eine Woche später haben sie mich dann angerufen und waren „soooo begeiiiistert", dass ich mich völlig veräppelt fühlte. <lach> Aber sie hatten es wohl ernst gemeint. ☺
Naja, ich habe den Termin dann gemacht und sie waren so was von super nett und es hat auch richtig Spaß gemacht. Will wieder vor die Kamera! <grins> Der Sendetermin soll in ungefähr zwei Wochen sein, aber sie sagen mir noch Bescheid, wann genau.

22-06-2005

Das wäre toll, wenn der Bericht weite Kreise ziehen würde und noch ein paar Sender mehr Interesse daran zeigten.

Jaaaaa ... Ihr müsst dann unbedingt alle den Sender anschreiben und ihnen sagen, dass Ihr noch viel mehr über Papageien sehen wollt, und dass Euch am allerliebsten eine Serie übers Clickertraining mit Papageien wäre. ☺ So könnten wir viel mehr Papageienhalter erreichen.

Und Ihr müsst dann alle mit Euren Vögeln kommen, damit wir genug Demo-Objekte für die einzelnen Sendungen haben. Das wäre doch was, oder?

29-06-2005

Habe ja weiß Gott schon genug Papageien aufgenommen.

Ich persönlich halte es für grausam, ein völlig menschenbezogenes Tier von heute auf morgen in eine neue Umgebung fast ohne menschlichen Kontakt zu setzen, so wie es diese Auffang- und Verpaarungsstationen praktizieren. Außerdem ist die Gefahr, sich auf diese Weise eine Krankheit einzufangen viel zu hoch.

Wenn Du also Deinen Papagei verpaaren möchtest, würde ich Dir empfehlen, sie mit dem vorgesehenen Partner im Idealfall in einem Vogelzimmer im Wohnhaus unterzubringen. So kann sie sich langsam an ihn gewöhnen, hat aber dennoch menschliche Ansprache. So hat das bei mir immer sehr gut geklappt. Ich drück Euch die Daumen.

Mein Pärchen dunkelroter Aras will immer mit dabei sein, und wenn ich zu Hause bin, dürfen sie es auch oft genug. Jack, der Harness trägt, darf dann auch mit in den Garten, um diesen zu erkunden. Scarlett habe ich das Harness-Tragen nie beigebracht. Aber sie darf im Haus mit dabei sein. Dort wechsele ich alle Papageien, die dabei sein dürfen, ab, damit jeder Mal ein bisschen intensivere Direktbetreuung bekommt.

Oft ist auch der ganze Schwarm im Haus, aber ich merke, dass ihnen die „Einzel- oder Zweierstunden" mit mir auch gut tun. Man muss halt schaun und beobachten, was die Vögel wollen. Sie teilen es einem ja schon mit.

Das Leben ist halt nicht perfekt. Man muss sich arrangieren. Nur so kann man den besten Kompromiss für alle finden …

Meine Paare würden sich schön bedanken, wenn ich sie für ein Wochenende trennen würde. Was hätte das denn mit dem Wohl der Tiere zu tun?

30-06-2005
Mal ein ganz kurzes Update. Eigentlich habe ich keine Zeit, aber wenn ich warte, bis ich Zeit habe, komme ich nie dazu …

Klein-Timmy hat sich den Flügel gebrochen, erholt sich aber gut von ihrem Unfall. Das wirklich vertrackte ist, dass sie trotz des doppelten Bruchs ziemlich fit ist und noch fliegen kann. Etwa hüfthoch kommt sie, und, meine Güte, ist sie flink. Ich hatte sie zuerst in eine offene Krankenbox von circa 40 Zentimetern Höhe gesetzt, damit ihre Babys zu ihr können. Leider ist sie dort ausgebrochen und hat alles noch schlimmer gemacht.

Beim Anitbiotika-Geben ist sie mir auch zweimal entwischt – verflixtes Zappelviech aber auch –, was auch nicht geholfen hat. Auf dem Röntgenbild konnte man sehen, dass der Bruch sich leider etwas verschoben hat. Jeder Verband wird aber von ihr entfernt. Da wir nicht sicher sind, ob die Verschiebung des Bruchs nicht eventuell ein Ergebnis des Gezerres ist, dass sie veranstaltet, um aus dem Verband herauszukommen, versuchen wir es jetzt ohne Verband.

Um sie wirklich still zu stellen, musste ich ein Gitter auf die Box legen. So können ihre Kleinen leider nicht mehr zu ihr hin. Aber sie halten treu ergeben auf dem Gitter Wache. Zwei Wochen muss Klein-Timmy noch ausharren, bis wir sie zur Nachuntersuchung röntgen werden in der Hoffnung, dass alles stabil verheilt ist und sie wieder richtig fliegen kann.

Da sie aber selbst mit gebrochenem Flügel noch fliegen kann, wenn auch nur hüfthoch, ist die Prognose recht gut. Wenn sie jetzt endlich still hält.

Zwischenzeitlich sind überall Frühlingsgefühle ausgebrochen. Hier findet ein Geknutsche und Geturtele statt, dass man glatt neidisch werden könnte. Sogar Oscarine und Pedro haben sich zu guter Letzt gefunden. Vor wenigen Tagen

spielten sie bei meinem abendlichen Bad zwischen den Trennvorhängen zum Tropenhaus. Auf einmal – ich traute meinen Augen kaum – sehe ich Oscarine Pedro füttern.
Die letzten Tage habe ich sie immer recht nah beieinander sitzen sehen. Sie putzen sich auch ganz lieb gegenseitig. Ein kleines Ritual haben wir jetzt auch entwickelt. Wenn ich am Abend nach Hause komme und die Tür zum Tropenhaus aufmache, kommt Pedro zu Inti geflogen, begrüßt ihn und räumt die Reste seiner Futterschale aus. Dann kommt er zu mir auf die Schulter, schmust kurz, trinkt meist noch ein bisschen Wasser aus meinem Glas und heimst das eine oder andere Leckerli ein. Aber nicht lange, denn dann will er wieder zurück ins Tropenhaus zu den anderen.
Alles in allem bin ich wirklich beeindruckt, wie glatt die Verpaarung zwischen den beiden zu guter Letzt dann doch ablief. Man darf ja nicht vergessen, dass Oscarinchen 15 Jahre lang alleine im Mini-Käfig saß. Wenn die Verpaarung eines solchen Tieres so schön klappt, dann ist einfach alles möglich!

01-07-2005
Wie ich oben schon schrieb, scheinen die Frühlingsgefühle derzeit schwer in Gang zu sein.
Eben entdeckte Pedro einen Korb oben im Küchenregal. Nachdem er ihn begutachtet hatte, krabbelte er sofort hinein und hockte sich „in Brütposition" hin. Oscarine kam flugs hinterher und fing an, ihn zu füttern. Bei dem Versuch ihn im Korb zu besteigen (wer ist denn hier eigentlich das

Mädel???), ist dann allerdings der Korb samt gefiedertem Inhalt aus dem Regal gefallen. Aus war's mit der gemütlichen Zweisamkeit ...

04-07-2005
Vielleicht kenne ich einfach viel mehr Leute als Du, die sich schlimme Erkrankungen durch Unachtsamkeit in ihren Bestand geholt haben. Das daraus resultierende Elend, auch die Selbstvorwürfe, möchte ich niemals erleben und wünsche es auch keinem anderen. Deshalb empfehle ich nachdrücklich, dass alle Tiere einer Übernahmeuntersuchung und Quarantäne unterzogen werden, bevor man sie in seinen Altbestand aufnimmt.

Es gibt meines Erachtens genug unvermeidbare Risiken, als das ich meine Tiere zusätzlich mir bereits bekannten Risiken aussetzen muss.
Das Beispiel von der Tierarztpraxis hinkt gewaltig, finde ich. Ein erkranktes Tier, das in einer Transportbox gebracht wird, hat nicht sehr viele Chancen, seinen Federstaub überall hin zu verbreiten.
Dass ein Vogel auf den Behandlungstisch zum Beobachten gesetzt wird, halte ich für hahnebüchenen Blödsinn. Zum einen wird ein Papagei so gestresst sein, dass eine Beobachtung völlig nutzlos wird, da er sich durch den Stress anders verhalten wird. Beobachten kann man ihn allemal

zuverlässiger in der Box, in der er gebracht wird. Zum anderen wird er dort nicht sitzen bleiben – er kann ja fliegen. Dann hättest Du tatsächlich das Problem, dass der Gefiederstaub durch die ganze Praxis verteilt wird.

Außerdem hat die Länge des Kontaktes mit dem Virus auch einen erheblichen Einfluss auf die Wahrscheinlichkeit einer Ansteckung. Es macht einen Unterschied, ob ich das Tier während eines halbstündigen Tierarztbesuches eventuell einem Virus aussetze oder ob dies über einen längeren Zeitraum geschieht.

Immunsystem hin oder her. Obgleich ich auch der Meinung bin, dass übertriebene Hygiene unnötig ist und zu einem schlecht ausgebildeten Immunsystem beiträgt, würde ich niemals dafür plädieren, meine Tiere, Kinder, Familie einer ansteckenden schweren Krankheit wissentlich auszusetzen. Soll ihr Immunsystem sich an ungefährlicheren Dingen austoben und stärken. Genauso würde ich niemals auf entsprechenden Impfschutz für schwere Infektionskrankheiten verzichten.

Man schützt sich und die Seinen so gut es geht und hofft auf ein bisschen Glück bei den Dingen, über die man keine Kontrolle hat.

08-07-2005

Ich habe schlechte Erfahrung mit dem Ziehen von Federkielen gemacht und würde es auf keinen Fall empfehlen.

Normalerweise, wenn der Vogel mausert, fallen nicht alle Federn auf einmal aus, sodass die nachwachsenden Federn von den noch vorhandenen alten Federn, auch wenn diese gestutzt sind, geschützt werden. Ziehst Du die Kiele, ist da gar nichts, was die nachwachsenden Federn schützt. Das kann dazu führen, dass diese immer wieder abbrechen und schlimm bluten. Außerdem hat das Tier ohne Federn überhaupt keinen Auftrieb mehr, was mit einer erheblichen Verletzungsgefahr verbunden ist.

Zusätzlich kann durch das Ziehen der Kiele der Folikel so geschädigt werden, dass keine Federn mehr wachsen können. Das Ziehen selbst ist von den Schmerzen her vergleichbar mit dem Ziehen eines Fingernagels. Dies würde ich nur im Notfall ohne Narkose durchführen. Eine Narkose birgt jedoch immer ein Risiko. Dies gilt insbesondere für Papageien mit ihrem empfindlichem und oft beeinträchtigtem (Aspergillose!) Atmungssystem.

Bei meiner Kleinen hat es aus den oben genannten Gründen nach dem Ziehen der Kiele zwei Jahre gedauert, bis die Federn so weit nachwuchsen, dass sie zumindest ein bisschen fliegen konnte. Schwierigkeiten hat sie noch immer, da wohl einiges beschädigt wurde.

Die letzten Monate, bevor sie wieder ein bisschen fliegen konnte, hat sie in einem ganz flachen Nagetierkäfig verbracht, um die Verletzungsgefahr zu reduzieren, da sie sich zum einen nachwachsende Federn immer wieder abbrach und sich auch mehrfach die Brust blutig aufschlug.

Es war ein ganz großes Elend, das auch nicht spurlos an ihrer Persönlichkeit vorbeigegangen ist. Sie ist noch immer sehr ängstlich und unsicher. Ich würde es nicht noch einmal machen!

Zur gleichen Zeit übernahm ich eine andere Graue, der ebenfalls auf der einen Seite die Federn gekürzt waren (laut Halter waren sie so abgebrochen). So konnten sich die beiden in dem Nagetierkäfig Gesellschaft leisten. Bei diesem zweiten Tier ließ ich die Kiele nicht ziehen. Sie konnte fast zwei Monate vor der anderen wieder fliegen und ist jetzt völlig wiederhergestellt.

Toll, dass Du Dich für eine Edelstahl-Voliere entschieden hast! Da werden sie sich wohlfühlen. Ich freu mich immer riesig über Besitzer, die „die extra Meile" gehen und in Edelstahl statt Zink investieren.

09-07-2005
Wenn Dir mein Fernsehbericht gefallen hat, bitte schreib den Fernsehsender an und sag ihnen, dass Du mehr möchtest – insbesondere vom Clickertraining. ☺

In eigener Sache: Ich suche Bilder vom Clickertraining mit Wellis, Nymphies und anderen kleinen Papageienarten, insbesondere Sittichen, für mein Buch. Sonst glauben die Leute noch, Clickertraining ginge nur mit den Großen, und das wollen wir ja nicht, oder? ☺
Würde mich echt freuen, wenn Ihr helfen könntet!

Aus Deiner Erfahrung heraus, musst Du sagen, dass Du vom Clickertraining bei Grauen wenig hältst??
Ööööhhhhh????
Ich habe sechs Graue ... also fast keine Erfahrung ... das Training klappt wunderbar.
Hier in diesem Forum sind auch andere Halter mit Grauen, bei denen das Training auch wunderbar klappt ... gerade, weil sie so intelligent sind.
Die Methoden, die Du beschreibst, sind Bestrafungen, die wir beim Clickertraining nicht anwenden. Dies ist ein Clicker- und nicht ein „Wie schüchtere ich das Tier so ein, dass es macht was ich will"- Forum.

11-07-2005
Du weißt aber schon, dass Papageien (auch und gerade die Pärchen) ziemlich heftig miteinander spielen.
Als ich dies das erste Mal sah, war ich völlig erschrocken. Mittlerweile habe ich mich an das „Ich hack Dir in die Füße bis Du runterfällst" und ähnliche Spiele gewöhnt.
Ich denke mal, sie reagieren so ihre Aggressionen beziehungsweise ihre überschüssige Energie ab. Vielleicht ist es auch so, dass sie für den Ernstfall üben, falls sie sich mal verteidigen müssen. Genau wird man es nie wissen, da man nicht in ihre Schädel reinschauen kann. Kurz und knapp, das Verhalten, das Du mir beschreibst, ist mir durchaus bekannt. Gerade bei Hähnen und durchaus auch bei flugfähigen

Tieren. Ich denke, es ist besser, nicht zu versuchen, ein „Etikett" drauf zu machen, dass es Wut ist. Wenn Du glaubst, dass es Wut ist, wirst Du Dich anders verhalten, als wenn du zum Beispiel denkst, er wolle spielen, oder er langweile sich oder das sei Teil seines natürlichen Verhaltens.

Dadurch, wie Du dann darauf reagierst, könntest Du wiederum eine ganze Lawine von anderen Dingen ins Rollen bringen, was unangenehme Nebeneffekte haben könnte. Zum Beispiel könntest Du gerade das unerwünschte Verhalten verstärken, weil Du ihn beruhigen oder zurecht weisen möchtest. Das ist natürlich nur ein Beispiel. Ich weiß ja nicht, wie Du damit umgehst. Am besten ignorierst Du die vermeintliche „Wut".

Für das Verhalten an sich würde ich ihm einen „Feind" anbieten, an dem er sich austoben kann. Das kann ein aufgehängtes, papageiensicheres Stofftier sein (ohne angenähte Augen etc!) oder auch ein Handtuch. Bitte dies nur unter Aufsicht verwenden, da er sich an loskommenden Fäden die Füßchen abschnüren oder sich gar erdrosseln könnte. Wenn Du mit ihm spielst: Vorsicht Finger, es kann wild werden!

Hmmmm ... wie bereits mehrfach gesagt, wir können nicht in ihre Köpfe schauen und auch nicht die Gedanken unserer Papageien lesen. Ich habe schon einige gestutzte Tiere bei mir aufgenommen. Aus meiner Erfahrung kann ich Dir versichern, dass die Vögel ihr Verhalten sehr zum Positiven verändern, wenn sie wieder fliegen können.

Meine mittlerweile leider verstorbene Gelbbrustarahenne aus den USA lebte sechs Jahre – fast ihr ganzes Leben – gestutzt, und selbst sie ist trotz schwerer Krankheit geradezu aufgeblüht, als sie anfing ein wenig zu fliegen.

14-07-2005
Habe eben ein superinteressantes Telefonat mit einem ehemaligen Züchter geführt. Davon wollte ich Euch kurz berichten. Es zeigt wirklich den Schaden auf, den man den Elterntieren mit Handaufzuchten zufügt:
Ein Paar Gelbbrustaras zieht in der Naturbrut mit etwas Glück in der Regel zwei Junge pro Jahr groß. Diese werden vom Züchter für 700 bis 1400 Euro das sind die Preisspannen, die ich in letzter Zeit beobachtet habe – verkauft.
Im schlimmsten ihm bekannten Fall, erzählte dieser Ex-Züchter mir, hat ein Züchter aus einem Paar Gelbbrustaras in einem Jahr 48 Küken großgezogen. Das sind 48.000 Euro! Aber „natürlich" wird es nicht des Geldes wegen gemacht, wie Handaufzüchter uns immer wieder versichern, auch wenn sie uns die Frage nach dem Nutzen für die Tiere immer wieder schuldig bleiben.
Eine Henne, die solche Legerekorde erstellt, ist nach zwei Jahren „fertig". „Was geschieht dann mit ihr?", fragte ich, „wird sie in den Heimtiermarkt verkauft?"
Der Ex-Züchter, der mir diese Informationen gab, belehrte mich mitleidig ob meiner offenkundigen Naivität darüber, dass eine solche Henne im besten Fall als tolles Zuchttier an den nächsten weiterverhökert wird. Im schlimmsten Fall

wird sie, da nicht mehr produktiv, „an die nächste Wand geklatscht". Na, wer meint jetzt noch, sich unbedingt eine Handaufzucht kaufen zu müssen?

Jetzt musste ich grad echt grinsen. Denn irgendwo ist das ein Punkt, an dem ich mich bei diesen Diskussionen immer stoße. Es wird gesagt, Leute, die Handaufzuchten kaufen, sind egoistisch. Sie denken nur an sich selbst und nicht an das Wohl der Tiere, wenn sie ihre Entscheidung fällen. Dem stimme ich prinzipiell zu, wenn man dies erweitert um die Qualifikation, dass der Käufer nicht aus Unwissenheit eine Handaufzucht kauft. Unwissenheit bevor man sich ein Tier zulegt, finde ich zwar auch schlimm, das wäre aber ein anderes Thema.
Aber, die Pro-Naturbrut-Argumente fokussieren sich auch wieder größtenteils auf das Wohl des Halters und nicht auf das des Tieres. Ganz hart ausgedrückt - kauft ein Käufer wissentlich eine Handaufzucht, dann hat er sämtliche anschließenden Probleme verdient und soll seine Suppe gefälligst selbst auslöffeln. Solange man niemand anderem schadet, darf man ja wohl als Erwachsener jeden erdenklichen Blödsinn machen, den man möchte.
Aber es geht, mir zumindest, doch gar nicht um den Halter. Es geht doch einzig und alleine um die Tiere. Und für die Tiere ist es, egal wie ich es betrachte, NICHT das Beste, von den Eltern weggenommen und per Hand aufgezogen zu werden. Die Hauptpunkte dabei sind:

1. Psychische und physische Schäden, die den Elterntieren zugefügt werden.
2. Psychische und physische Schäden, die den Jungtieren zugefügt werden.
Das ist doch das, was zählt. Oder zumindest das, was wirklich zählen sollte!

15-07-2005
Warum wollen denn die meisten von uns Papageien halten? Eben, weil sie zahm werden und auch als Teil der Familie angesehen werden können. Was ist daran falsch?
Das hat nichts mit Handaufzucht oder Naturbrut zu tun, sondern mit dem Wunschdenken der Menschen. Ob dieses Ziel erreicht wird, liegt an den Fähigkeiten des Halters. Eventuell, wenn es sich um einen Abgabevogel handelt, auch an dessen Vorgeschichte. Aber über letztere Gruppe sprechen wir hier in dieser Diskussion ohnehin nicht, denn dort besteht die Fragestellung ob Handaufzucht oder Naturbrut nicht.
Dein Argument, dass das schon im 17. oder 18. Jahrhundert praktiziert wurde … also echt …Ja, damals wurde Pneumonie auch mit Aderlass behandelt. Willkommen im 21. Jahrhundert!
Ob jemand scheue Vögel in einer Außenvoliere halten und mit ihnen züchten möchte oder ob jemand zutrauliche Vögel in der Wohnung halten möchte, ist jedem selbst überlassen, meinst Du. Wie wahr. Aber auch dies hat wenig mit der Argumentation für Handaufzucht und gegen Naturbrut zu tun.

Die Behauptung, dass jeder das Beste für seine Vögel will, halte ich für völlig unwahr. Wenn ich mir die Pro-Handaufzucht-Argumente anschaue, würde ich sagen, dass diese Leute das Beste für sich selbst wollen und es ihnen grad wurscht ist, was das Beste für die Tiere ist. Wie sonst kann man die offensichtliche Tierquälerei ignorieren, die diese Aufzuchtmethode beinhaltet? Den Eltern- und den Jungtieren werden dabei psychische und physische Schäden zugefügt. Nach meiner Erfahrung können von den Eltern aufgezogene Tiere genauso zahm werden wie Handaufzuchten. In der Masse sind Handaufzuchten sehr auffällig in Bezug auf gravierende Verhaltensprobleme wie Beißen, Rupfen und Selbstverstümmelung.

Aber wie bereits in einem früheren Beitrag gesagt. Allein die Tierquälerei an den Tieren sollte es einem tierlieben Menschen ethisch unmöglich machen, Handaufzucht überhaupt zu erwägen.

Natürlich sollten die Tiere nicht verurteilt werden, weil Sie Handaufzuchten sind! Sie sind die Opfer. Es ist mir auch nicht ganz klar, wie Du auf diesen Gedanken kommst. Die Gegner der Handaufzucht haben in keiner Weise so etwas suggeriert. Sondern vielmehr, dass die Durchführung von kommerziellen Handaufzuchten im Sinne des Tierschutzgedankens nicht akzeptabel ist. Solange es aber Käufer dafür gibt und kein Gesetz dagegen, werden sie weiter produziert werden.

16-07-2005
Es ist eben sehr viel Geld im Spiel. Ich und auch andere, die sich öffentlich für die Abschaffung der Handaufzucht von Papageien stark machen, sind schon von Züchtern bedroht worden. Dazu gehörten harmlosere Dinge wie Drohbriefe oder -E-Mails. Aber auch ein versuchter, glücklicherweise erfolgloser Übergriff auf meine Tiere, zum Einschüchtern, denke ich, war dabei.

Viele Gegner der Handaufzucht besitzen selbst Handaufzuchten. Klar, irgendwo müssen ja die ganzen verhaltensgestörten Tiere, die keiner mehr haben will, hin. Die Tiere können nichts dafür, und denen versuchen wir zu helfen.
Desto mehr Menschen wir jedoch davon abbringen können Handaufzuchten von Züchtern oder in Zoogeschäften zu kaufen oder selber zu produzieren – ja auch das gelingt hin und wieder –, desto mehr helfen wir den Tieren.

27-07-2005
Vielen Dank für die sehr interessanten Informationen der Bundesanstalt für Landwirtschaft und Ernährung über Nährwerte bei Keimfutter. Man hat also, gemäß der von Dir vorgestellten Untersuchungen, keinen nennenswerten Nährwertgewinn. Aber – erwiesenermaßen – eine wesentlich höhere Belastung mit pathogenen Keime. Keimfutter sollte man also überhaupt nicht verfüttern.

31-07-2005
Für diejenigen von Euch, die es interessiert, habe ich mal angefangen Nährstofftabellen bezüglich Keimfutter herauszusuchen. Diese sind leider in Englisch - aber ich denke, trotzdem zu verstehen, da es nur Tabellen sind: http://www.sproutnet.com/nutritional_analysis.htm
Aber auch Berichte über die Gefahren von Keimfutter gibt es. Dies ist besonders besorgniserregend, da diese Berichte sich auf Keimfutter für den menschlichen Verzehr beziehen. Diese Keime dürften unter wesentlich besseren hygienischen Bedingungen hergestellt werden als man es üblicherweise auf seiner Küchentheke hinbekommt.
Wer von uns arbeitet schon mit Desinfektionsmitteln bei der Herstellung von Sprossen? Oder untersucht die bakteriologische Belastung? So muss mittlerweile in den USA das Abwasser von Sprossen einer bakteriologischen Untersuchung unterzogen werden, ehe die Sprossen verkauft werden dürfen:
Das Problem, auf das in verschiedenen Studien hingewiesen wird, ist, dass sich Keime, die sich am Ausgangsmaterial befinden, rapide vermehren. Chemische Behandlungen erreichen nur die Oberfläche, aber nicht versteckte Ecken bei einer unregelmäßigen Oberfläche, oder gar das innere des Korns.
Laut Studien ist die Gefahrenquelle für Sprossen, die Verunreinigung am Korn, das für den Keimprozess genutzt wird. Betrachtet man nun die zum Teil erhebliche bakteriologische Verunreinigung von Körnerfutter – mir liegen Untersuchungsergebnisse von fünf Futterproben verschiedener

Lieferanten vor, die von Forenmitgliedern in Auftrag gegeben wurden –, so würde ich daraus den Rückschluss ziehen, dass man auf keinen Fall sein normales Körnerfutter keimen lassen sollte.

Was ich sehr interessant fände, wäre, diverse keimbare Saaten und Legumes für den menschlichen Verzehr bestimmter Produkte untersuchen zu lassen.

Die oben genannten Proben der fünf uns allen gut bekannten Futtermittellieferanten enthielten folgende Keime:
- 3,6 Millionen gramnegativer Stäbchen der Gattungen Klebsiella/Enterobacter/Serratia (KES-Gruppe)
- 1 Million Gelbkeime der Gattung erwinia
- 23.000 Staphylokokken und Bacilluskeime
- 150.000 Bacilluskeime

Wie sich diese Bakterienmengen während der Keimung vermehren, könnte man untersuchen lassen.

22-08-2005

Stimme meinen Vorrednern hundertprozentig zu. Ich bin schon unzählige Male von Handaufzuchten gebissen worden, aber noch nie von einer Naturbrut.

Naturbruten kann man, entgegen aller Behauptungen, sehr schnell zähmen. Insbesondere weil sie, im Gegensatz zu vielen Handaufzuchten, noch nie schlechte Erfahrung mit der menschlichen Hand machen mussten. Über die gesundheitlichen und psychischen Probleme von Handaufzuchten und das Leid, das man damit den Elterntieren antut, wurde hier schon berichtet.

23-08-2005

Gelbbrustaras sind wirklich ganz anders als Graupapageien. Habe selber sechs Graue, zwei dunkelrote Aras und noch ein paar kleinere Aras und andere Papageien.

Eine Gelbbrustaradame hatte ich auch. Doch die ist leider vor fast zwei Jahren verstorben. Ich vermisse sie noch immer.

Graue sind supernervös und sensibel. Meines Erachtens sind sie nicht wirklich für die Wohnungshaltung geeignet (nun gut, welcher Papagei ist das schon). Weil sie so sensibel sind, neigen sie dazu, krank zu werden und Verhaltensprobleme zu bekommen. Von meinen sechs Grauen sind vier Handaufzuchten. Beide Handaufzucht-Weibchen rupfen.

So übrigens auch meine Gelbbrustaradame, die ebenfalls eine Handaufzucht war.

Die Gelbbrustaras, die ich kenne, sind allesamt wesentlich entspannter als die Grauen, aber beileibe nicht so entspannt wie die dunkelroten Aras.

Hättest Du denn Platz für eine Voliere mit einer Grundfläche von vier mal zwei Metern? Dies wären die Mindestmaße aus dem Gutachten über die Mindestanforderungen an die Haltung von Papageien des Bundesministeriums. Wenn nicht, könntest Du Dir auch einige der kleineren Araarten anschauen. Die sind ziemlich klasse.

Unser nächster Clickerabend ist am Samstag, 8. Oktober. Dort könntest Du auch Handaufzuchten und Naturbruten vergleichen. Aber vielleicht findet sich auch jemand bei Dir in der Nähe, bei dem Du mal reinschnuppern könntest.

Ich würde direkt zwei nehmen. Das ist für beide Parteien viel einfacher, als sich erst an das Eine zu gewöhnen und dann noch einmal umgewöhnen zu müssen. Verpaaren musst Du das Tier ja ohnehin.

Deine Ängste kann ich verstehen, kann Dir aber die Frage natürlich nicht beantworten, denn ich weiß nicht, wie Du – wenn auch nicht mit Papageien, so doch mit anderen Tieren – klarkommst.
Es gibt von Person zu Person enorme Unterschiede. Manche Leute, die zu mir ins Haus kommen, sind sofort der Star bei meinen Papageien, andere tun sich wirklich schwer. Und dann wieder gibt es ganz persönliche Affinitäten. Einzelne Vögel, die sich in bestimmte Besucher vergucken. Das weiß man vorher einfach nicht. Aber ich bin davon überzeugt, dass jeder es hinkriegen kann.
Mein erster Ara war eine Handaufzucht und ein ausgesprochener Problemvogel. Als ich sie bekam war sie zwischen sechs und sieben Jahren alt. Sie biss (hat mich in der ersten Woche fast mein Auge gekostet), hatte Angst vor Menschen, rupfte, war völlig verhaltensgestört (learned helplessness), kam nicht auf die Hand, ließ sich nicht streicheln und konnte noch nicht einmal einen Ast entlanglaufen. Sie war eine ziemliche Katastrophe.
Damals hatte ich beileibe nicht die Erfahrung, die ich jetzt hatte. Ich war ein ziemlicher Anfänger und habe es trotzdem hingekriegt. Und ich bin nicht besonders geduldig oder habe viel Zeit oder so. Wenn ich das damals schaffen konnte, dann kannst Du das auch.

Vergiss nicht, Du bist nicht alleine. Wir alle sind bereit, Dir zu helfen, wenn Du Dich dafür entscheidest, diese oder andere Abgabetiere oder Naturbruten zu nehmen.
Aras sind wirklich erstaunliche Vögel. Ich habe hier einen Ara sitzen, der 30 Jahre lang in einem Tierpark hockte, bis er dort schwer verletzt beschlagnahmt wurde. Er ist fast gestorben. Selbst er nimmt mittlerweile Futter aus meiner Hand und aus der Hand von manchen Gästen.
Dabei habe ich im Moment überhaupt keine Zeit, übe nicht mit ihm, ja beschäftige mich noch nicht einmal sonderlich mit ihm.

Aber das ist es doch gerade. Tiervermehrern – Züchter sollte man solche Leute wahrlich nicht nennen – ist es völlig egal, was mit den Tieren geschieht. Solche Dinge sind uns doch auch aus Hundezuchten von Vermehrern bekannt. Es geht nur ums Geld, um sonst nichts.
Meinst Du, dass so ein Züchter die Jungen im Interesse der Tiere „liebevoll" mit der Hand aufzieht? Oder könnte es ihm vielleicht doch um die „liebevollen Euros" gehen?????

24-08-2005
Zuchttiere animiert man dazu, Eier zu legen und zu legen und zu legen, indem man ihr Leben so langweilig wie möglich gestaltet. Sie leben in kleinen Käfigen, die mit nichts ausgestattet sind außer einer Nestbox. So haben sie kaum

etwas anderes zu tun, als zu poppen. Jahreszeiten sind völlig irrelevant. Beleuchtung kann man gut künstlich steuern. Die Tiere wissen doch gar nicht, was die Jahreszeiten sind.
Es wäre echt mal interessant, eine Studie darüber zu machen, wie viele Junge Handaufzüchter aus den Tieren im Jahr im Normalfall herauskriegen.
So viel Geld, wie diese Vermehrer über die Papageienzucht verdienen, bekommt so mancher für seinen Vollzeitjob. Und bei dem kann er die Kosten nicht steuerlich geltend machen oder zumindest nicht in dem Umfang. Wer mir erzählt, das lohne sich nicht, lügt in meinen Augen. Sorry.
Wie die Jungen dann in solchen Massen aufgezogen werden, ist auch noch ein Thema. Habt Ihr schon mal gesehen, wie solche Jungen mit Kropfsonden gefüttert werden? Mit liebevoller Pflege hat das nichts zu tun. Oft ist es einfach ein Schlauch an einer Spritze, der ihnen den Hals hinuntergerammt wird. Ich habe das schon sehen „dürfen". Es ist ekelhaft. Solche Jungtiere sind natürlich völlig gestört und haben Angst vor menschlichen Händen. Vermarktet werden sie dann trotzdem als „liebevolle" Handaufzuchten. Meines Erachtens ist das Betrug am Kunden. Dass es Tierquälerei ist, steht für mich außer Frage.

25-08-2005
Hast Du vielleicht ein Zimmer, das Du als Papageienzimmer umfunktionieren könntest? So habe ich das damals gemacht, als ich etwas überraschend in den Besitz eines Aras kam. Wer braucht denn schon ein Esszimmer? ☺

Was Türrahmen etc. ungemein hilft sind Aluschienen aus dem Baumarkt. Die kriegen selbst die Aras nicht klein. Du könntest natürlich vor die Tür auch eine große Plexiglasplatte schrauben oder so. Wenn Du später mal ausziehst, müsstest Du nur die Bohrlöcher ausbessern. Aber bei Aras, würde ich mal sagen, wird ohnehin eine Vollrenovierung nötig sein. Ein Haps – so schnell kann man gar nicht gucken –, und Riesenecken fehlen. Glücklicherweise kann man sie recht gut erziehen. Die Dinge, die mir wirklich wichtig sind – meine Antiquitäten –, da geht keiner ran. Andere Dinge, bei denen ich nicht so hinterher bin, haben ganz schöne Macken. Es liegt wirklich an einem selbst.

Ein Vogelzimmer ist viel, viel leichter sauberzuhalten als wenn Du da noch eine Voliere einbaust. Außerdem ist Edelstahl sauteuer, und mit Zinkdraht riskierst Du eine Zinkvergiftung, die schlimmstenfalls tödlich ist und bestenfalls die Organe schädigt. Bitte denke daran, wenn Du Fenster und Türen vergitterst – unbedingt Edelstahl nehmen!
Wenn es geht (je nachdem was unter der Tapete ist), würde ich die Tapete abmachen und den Putz direkt anstreichen und zwar mit schimmelresistenter Fassadenfarbe. Das hat mehrere Vorteile. Es ist gut abzuschrubben. Hinter der Tapete können sich keine Schimmelpilzsporen verstecken. Die Geier können die Tapete nicht abpulen. Auch die hohen Luftfeuchtigkeiten, die Papageien als tropische Tiere brauchen, stellen kein Problem dar.

Je glatter und einheitlicher der Boden ist, desto leichter ist er sauberzumachen. Ideal sind Fliesen und Bodenabläufe. Stell bloß keine Bodenwannen, Pflanztöpfe und Ähnliches auf. Hänge, was Du kannst, von der Decke, damit Du den Boden in einem Rutsch putzen kannst, ohne irgendwelche Gegenstände, an denen sich der Dreck sammelt, hin- und herschieben zu müssen.

Ann Castro

9. Mein erstes Buch

26-09-2005
Es ist soweit. Das Layout für mein Clickertraining-Buch ist in den letzten Zügen.
Damit nicht überall nur meine Vögel abgebildet werden, wäre es schön, wenn ich von Euch noch möglichst zahlreiche Clickerbilder bekommen könnte. Vom Kanarienvogel bis zum Huhn – und natürlich alle Sittiche und Papageien –, alles ist gefragt.
Bitte schickt mir die Bilder auf CD – sorry, mein Mailsystem kann das nicht wuppen – in möglichst hoher Auflösung zu. Auf die CD schreibt bitte deutlich Name und Anschrift, Telefonnummer, falls es Rückfragen gibt. Am besten auch noch in eine Lies-mich-Datei auf der CD, damit die Informationen ganz sicher nicht untergeht.
Die Fotografen möchte ich namentlich in meinem Buch erwähnen. Falls Ihr nicht genannt werden möchtet, bitte auch das dazu schreiben. Hilfreich wäre auch, wenn Ihr die Namen Eurer Tiere zu den Bildern dazu schreiben könntet, da ich die Bilder im Text kommentiere.

An alle Forenteilnehmer, die mir schon Bilder per Mail zugeschickt haben: Würdet Ihr bitte so lieb sein und sie mir auch noch einmal in großer Auflösung auf CD schicken. Sonst packt der Druckprozess das nicht in der notwendigen Qualität.

Da ich vergessen habe, mich rechtzeitig drum zu kümmern, möchte ich Euch bitten, mir die Bilder schnellstmöglich zuzuschicken. Sorry! Und vielen Dank für Eure Hilfe.

28-09-2005
Buch ist fertiggeschrieben! Es soll noch vor Weihnachten herauskommen. Deshalb auch der Aufruf für Bilder ... Daniel ... denkst Du bitte an die CD???

30-09-2005
Annahmeschluss für Bilder ist der nächste Freitag.
Wir können also Bilder Eurer Lieblinge beim Training nur berücksichtigen, wenn sie bis dahin bei uns eingegangen sind.

13-10-2005
Voraussichtlicher Erscheinungstermin ist Anfang Dezember. Du bekommst das Buch in jedem Buchladen beziehungsweise sie können es für Dich bestellen. Ich werde es aber auch über meine Webseite verkaufen.

Das Buch heißt (Trompetentusch!!! ☺):
Die Vogelschule.
Clickertraining für Papageien, Sittiche und andere Vögel, Verlag ist die AdlA Papageienhilfe gGmbH.
Aber es ist noch nirgendwo gelistet. Im Moment ist es das Dringendste, es zum Drucker zu kriegen. Den Bürokratiekram erledige ich anschließend.
Es gibt allerdings im Amazon-Shop die Möglichkeit, Vorbestellungen zu tätigen. Das richte ich ein, sobald das Buch beim Drucker ist und ich einen genauen Erscheinungstermin habe.

Ja klar.
Sobald mir die Termine bekannt sind, werde ich hier berichten!

14-10-2005
Braaaaav! Das hört man (äh frau, äähhh Autorin ☺) gerne, dass Ihr Werbung für mein Buch macht!
Das Layouten ist fast fertig. Jetzt wird korrigiert, was das Zeug hält. Außerdem müssen noch die ganzen Bilder eingefügt werden. Es ist schon noch viel Arbeit, aber wir nähern uns der Zielgeraden …

18-10-2005
Meine Güte war das anstrengend.

Aber gestern ist das Buch zum Drucker gekommen.
In ungefähr drei Wochen bekomme ich ein Ansichtsexemplar. Wenn ich dazu mein okay gebe, dann kann man das Buch bestellen. Das anschließende Drucken geht wohl recht schnell.
Bestellen könnt Ihr über meine Webseite – bis dahin habe ich das mit dem Shop hoffentlich soweit hinbekommen. Ich werde dann auch gerne Vorbestellungen entgegennehmen, damit sie dann ganz zügig vor Weihnachten rausgehen können. Wer zuerst kommt ... usw.

23-11-2005
Vor einigen Jahren war ich mal bei einem vogelkundigen Tierarzt in den USA, der auch Halsbandsittiche gezüchtet hat. Leider habe ich seine Zucht nicht gesehen, mein Besuch war darauf abgestellt, dass ich ihm bei „zig" Endoskopien „über die Schulter" sehen durfte.
Wie dem auch sei, er hatte ein Poster mit Halsbandsittichen in seiner Praxis hängen, davor waren die mir irgendwie nie so bewusst geworden. Das sind wirklich wunderschöne Tiere. Er erzählte, dass es bei Halsbandsittichen einen „Run" gab, so ähnlich wie dieser Tulpenwahnsinn in Holland.
Damals konnte man für eine bestimmte Mutation Zigtausende Dollar bezahlen. Das hat sich dann aber wohl alles in Luft aufgelöst, als die Zuchterfolge besser wurden und es auf einmal ganz viele bunte Halsbandsittiche gab.

Ob ich Tierärztin bin??? <lach>.
Nö. Aber medizinisch ziemlich interessiert und vorgebildet. Bin im Medizinerhaushalt (beide Eltern) aufgewachsen. So kam ich schon in früher Jugend in den „Genuss", tote Tiere zu sezieren, Dinge unterm Mikroskop anzuschauen, die täglichen Besprechungen mitzuhören und sie von frühester Jugend an im Krankenhaus zu besuchen.
Als Kind dachte ich, die Seele sehe aus wie ein Röntgenbild vom Brustkorb … ☺
Selbst jetzt beziehe ich eine Veterinärzeitschrift für exotische Tiere aus den USA. Es ist wirklich spannend, was die alles machen! Hält man nicht für möglich! Fachbücher lese ich natürlich sowieso.
vk TA ist eine Abkürzung für „vogelkundiger Tierarzt". In Amerika gibt es dafür eine extra Ausbildung. Dann ist man „Certified Avian Vet".
Als Tierärztin wäre ich selber gänzlich ungeeignet. Ich würde mir die ganze Kundschaft mit Vorträgen über artgerechte Haltung vergraulen. Ich bin einfach nicht in der Lage meine Klappe zu halten. Tja, und ohne Kunden ist man dann eben in der Forschung und was da mit Tieren oft angestellt wird … neee … auch nix für mich.
Da schiebe ich doch lieber in der Bank weiter Papier hin und her … ☺

Das ist ja witzig. Da haben wir ja fast die gleiche Vorgeschichte in unserer Kindheit.

Hey, das ist ja eine tolle Idee. Ich fände es toll, wenn Du den Käufern Deiner Naturbruten mein Buch in ihr Starterpaket legen würdest!

Als ich meinen ersten Papagei in den USA kaufte, war das ziemlich klasse. So differenziert man deren Haltung sehen kann, der Papagei wurde wirklich gut ausgestattet mitgegeben. Er war zwar sauteuer. Aaaber, im Kaufpreis enthalten waren:
- eine ordentliche Transportbox
- eine Packung Vitamine
- Blutstiller
- zwei schöne Spielzeuge
- Futter für drei Monate

Meinen ersten Käfig habe ich dort natürlich auch direkt mitgekauft. Das war total klasse.

Als ich zum ersten Mal in Deutschland beim Züchter einen Papagei kaufte, ist es mir passiert, dass er mir den Vogel (immerhin ein Graupapagei mit nagefreudigem Schnabel) in einem Pappkarton mitgab. Die Kleine war völlig verängstigt, und ich habe Blut und Wasser geschwitzt, dass sie sich nicht aus dem Karton nagt, ehe ich zu Hause bin. Ich war gar nicht auf die Idee gekommen, dass er keine Transportboxen haben könnte, da ich es ja anders kannte. Deshalb hatte ich auch keine mitgebracht.

Beim Service kann hier echt noch einiges besser werden. Für die Züchter wäre das doch eigentlich auch sinnvoll. Mit dem Zubehör kann man ja durchaus auch ein bisschen Geld dazuverdienen. Außerdem macht es die Umgewöhnung für das Tier einfacher, wenn es sein gewohntes Futter bekommt.

24-11-2005

Ja, das kenne ich. Die Leute glauben es nicht, bis sie selber erleben, wie zahm Naturbruten werden.

Vor einiger Zeit war ein Züchter bei mir zu Besuch, der handaufgezogene Aras produzierte.

Während wir zusammen saßen, waren Scarlett, meine dunkelrote Naturbrut, und Jack, ihr Partner, Handaufzucht wegen schwerer Schnabel und Fußverletzung von den Eltern, natürlich mit dabei. Jack hing natürlich nur an mir herum. Scarlett hingegen, geht zu jedem hin, lässt sich kraulen, hat noch nie gebissen etc., etc., etc.

Wir unterhielten uns über dies und das und jenes, während Scarlett sich von ihm durchknautschen ließ. Ganz am Ende des Besuches kamen wir auf Aufzuchten zu sprechen. Ich hatte mehrfach mit seiner Frau telefoniert und mich mit ihr schon ausgiebig ausgetauscht. Also habe ich irgendwie gar nicht dran gedacht, ihm meinen Handaufzuchtvortrag zu halten, der Glückliche. Dabei erwähnte ich, dass Scarlett eine Naturbrut ist.

Den Gesichtsausdruck hättet Ihr sehen müssen. Dem ist die Kinnlade runtergeklappt, seine Augen wurden groß wie Untertassen. Als er wieder zu sich kam, meinte er nur trocken, da könne man sich das ganze Theater mit den Handaufzuchten ja sparen. BINGO!!!!!

Mittlerweile führt dieser Züchter auch keine Handaufzuchten mehr durch. ☺

Am Anfang, als ich nur wenige Papageien hatte, sagten immer alle: „Du hast ja sooo ein Glück mit Deinen Tieren, dass sie so lieb sind." Mittlerweile habe ich ja 18, und die

sind bis auf ganz wenige Ausnahmen Abgabetiere, die alle mehr oder minder stark ausgeprägte Macken hatten.
Viele von ihnen sind in dem Buch. Tja, was soll ich sagen ...
Clickertraining funktioniert eben.

21-12-2005
Ja, ich warte immer noch auf das neue Belegexemplar des Buches. Immerhin haben sie mittlerweile festgestellt, dass die Datei von ihnen falsch konvertiert wurde – genau wie ich es ihnen schon vor vier Wochen sagte. <grrrrmpf>
Einiges läuft aber auch richtig gut. Mein Buch wird voraussichtlich im ersten Quartal in gleich zwei Fernsehsendungen vorgestellt werden. Was genau, ist noch geheim. Aber zu gegebener Zeit werde ich die Sendetermine auf meiner Webseite und in meinem Forum posten. Und die Bucheinweihungsfeier (nennt man das so?) vergangenen Samstag lief auch klasse. Fernsehen war dabei. <freu>

01-01-2006
Sooooo ... das Belegexemplar ist da und sieht auch dieses Mal gut aus.
Habe dann sofort die Bücher beim Drucker bestellt und die Rechnungen an die Vorbesteller rausgeschickt. Natürlich, wie sollte es auch anders sein, hat es das eine oder andere technische Problem dabei gegeben.
Wenn Ihr also ein Buch vorbestellt habt und von mir keine E-Mail mit Zahlungsaufforderung bekommen habt, dann

sagt bitte Bescheid, oder geht direkt zu meinem Shop und bestellt dort. Ich gleiche die Namen dann mit meiner Vorbestellungsliste ab.

27-01-2006
So aufregend!!! Die Bücher sind da und ich verschicke sie an alle, die vorbestellt haben!

Ann Castro

10. Nachwort

„Die Vogelschule. Clickertraining für Papageien, Sittiche und andere Vögel" war das erste Buch, das ich veröffentlichte. In den nachfolgenden Jahren ist es zu einem Bestseller im Papageienbereich geworden. Der Erfolg dieses Buches ist natürlich erfreulich. Er hilft mir ganz wesentlich, meine Papageienhilfe zu finanzieren.
Aber noch schöner ist es, dass es solch eine Gemeinschaftsarbeit war zwischen meinen Tieren, meinen Forenfreunden und vielen, vielen Helfern, die immer dann, wenn die Not am größten war, auf einmal in mein Leben traten und halfen, meine Probleme zu lösen und Fragen zu beantworten.
Dieses Buch gibt es mittlerweile auch in Englisch, und es wurde in einer brasilianischen Tierzeitschrift als Serie veröffentlicht.
Zigtausende Papageienhalter trainieren ihre Tiere nach der Clickertraining-Methode und bauen liebe-, respekt- und freudvolle Beziehungen mit ihren Papageien auf. Ich freue mich immer wieder riesig, wenn ich höre, dass Beziehungen zwischen Tier und Halter durch Clickertraining gerettet werden und die Tiere ihr Zuhause behalten konnten.
Dieses erste Buch hat mich auch meine Liebe zum Schreiben entdecken lassen. Mitterweile gibt es von mir noch mehrere

weitere Bücher, die größtenteils das Ziel haben, das Leben von Papageien und deren Haltern stetig zu verbessern und das Verständnis für die wunderbaren Tiere zu vergrößern. Die überwiegende Mehrzahl der in diesem Buch vorgestellten Tiere leben noch immer bei mir. Wenn man schwer geschädigte Tiere aufnimmt, weiß man, dass man ihnen oftmals nur noch das Gnadenbrot geben kann. Wie schön, wenn manche wie durch ein Wunder ihre Gesundheit wiederfinden und viel länger als ursprünglich erwartet glücklich im Schwarm leben können. Denen, die es nicht schaffen, schaut man mit einem weinenden und einem lachenden Auge hinterher. Man ist traurig, dass man es nicht geschafft hat. Aber man freut sich, dass man das Privileg hatte, diesen Tieren zeigen zu können, dass es auch Menschen gibt, denen man vertrauen kann. Man freut sich, dass man diesen Vögeln, wenn auch nur für eine kurze Zeit, Liebe und ein schönes Leben zeigen konnte.

Seid gut zu Euren Tieren!

Liebe Grüße,
Ann.
am 6. November 2011

11. Wer ist die AdlA Papageienhilfe?

Die AdlA Papageienhilfe gGmbH wurde kurz nach Nikitas Tod, im Dezember 2003, als gemeinnützige GmbH gegründet, um Papageienvögeln und deren Haltern zu helfen.
Unser Ziel ist es, das Leben von Papageien in der Gefangenschaft zu verbessern. Dies geschieht durch Aufklärungsarbeit über Haltung, Gesundheit und Verhalten von Papageien vor und nach der Anschaffung durch den Halter.
Dadurch soll erreicht werden, dass möglichst viele Papageien ein langes und gesundes artgerechtes Leben führen können und ihr ursprüngliches Zuhause behalten, anstatt zu Abgabevögeln zu werden. Unsere Beratung umfasst:
- Kaufberatung hinsichtlich der verschiedenen Arten, Aufzucht- bzw. Beschaffungsformen im Rahmen des Tierschutzgedankens und Anforderungen an den Halter. Wo möglich und sinnvoll, vermitteln wir auch Abgabetiere.
- die Optimierung der Haltungsparameter wie z.B. Käfiggröße, Partnertier, Ernährung, Licht, Luftfeuchtigkeit.
- Beratung bezüglich der Gesundheitsvorsorge von Papageien: insbesondere Ankaufsuntersuchung, Quarantäne und jährliche Untersuchungen.
- Beratung in Notfällen zur stabilisierenden Erstversorgung bis zum Tierarztbesuch.

- Verhaltenstherapie und -training.

Auch wenn es unser primäres Ziel ist, die Besitzer zu unterstützen, damit die Tiere in ihrem angestammten Zuhause bleiben können, ist dies nicht immer möglich. In den Fällen, in denen der Halter seine Tiere nicht mehr behalten kann oder möchte, helfen wir bei der Vermittlung der Tiere in ein neues artgerechtes Zuhause. In Einzelfällen, wenn ein Tier aufgrund von physischen oder psychischen Problemen nicht vermittelbar ist, nehmen wir auch Tiere in unseren Schwarm auf.

Unsere Arbeit wird durch Spenden finanziert:

Spendenkonto: TaunusSparkasse Hoechst
Kontonummer: 320 382
Bankleitzahl: 512 500 00

12. Die Haltung von Papageien

Über die richtige Haltung von Papageien wurde 1995 von einer Expertenkommission ein Gutachten verfasst. Dieses „Gutachten, über die Mindestanforderungen an die Haltung von Papageien" wird von Regierungsbeauftragten, wie zum Beispiel Amtstierärzten oder der Unteren Naturschutzbehörde herangezogen, um zu beurteilen, ob Papageien und Sittiche tierschutzgemäß gehalten werden.
Es ist zwar unwahrscheinlich, dass bei einer Privatperson die Papageienhaltung kontrolliert wird. Dennoch ist dieses Gutachten gerade für den Privathalter, der seine Tiere liebt und ihnen deshalb, und nicht aus Angst vor Kontrollen ein gutes Zuhause bieten möchte, ein guter Anhaltspunkt für die tierschutzgemäße Haltung. Das Gutachten kann vollständig auf der Webseite des Bundesministeriums für Verbraucherschutz, Landwirtschaft und Ernährung (www.bml.de) nachgelesen beziehungsweise heruntergeladen und ausgedruckt werden. Der Einfachheit halber und weil es mir so sehr am Herzen liegt gebe ich Euch hier eine Kurzübersicht über dieses Gutachten: Generell gilt, dass Papageien als Schwarmtiere, die zudem meistens lebenslänglich mit dem gleichen Partner verpaart sind, mindestens paarweise in Käfigen mit den nachfolgend aufgelisteten Mindestmaßen gehalten werden

müssen. Da es sich bei den angegebenen Käfigmaßen um Mindesthaltungsanforderungen handelt, kann es von Bundesland zu Bundesland Abweichungen nach oben bezüglich der Größe geben. Auskunft gibt das für Euch zuständige Regierungspräsidium oder Euer Amtstierarzt. Bedenkt bitte stets, dass Papageien fliegen können müssen, um körperlich und geistig gesund zu bleiben. Ihr ganzer Organismus ist darauf ausgerichtet.

Mindestanforderungen an die Haltung von Papageien

Gesamtlänge der Vögel	Käfig- bzw. Volierenmaße (Breite x Tiefe x Höhe)
Sittiche	
< 25cm	1,0m x 0,5m x 0,5m
25cm – 40cm	2,0m x 1,0m x 1,0m
> 40cm	3,0m x 1,0m x 2,0m
Kurzschwänzige Papageien	
< 25cm	1,0m x 0,5m x 0,5m
25cm – 40cm	2,0m x 1,0m x 1,0m
> 40cm	3,0m x 1,0m x 2,0m
Aras	
< 40cm	2,0m x 1,0m x 1,5m
40cm – 60cm	3,0m x 1,0m x 2,0m
> 60cm	4,0m x 2,0m x 2,0m
Loris und andere Fruchtfresser	
< 20cm	1,0m x 0,5m x 0,5m
> 20cm	2,0m x 1,0m x 1,0m

13. Die Autorin

Ann M. Castro ist seit ihrer Kindheit von Vögeln und anderen Tieren umgeben. Aufgewachsen in einer Medizinerfamilie – die Mutter züchtete nebenbei Wellensittiche –, hat sie sich schon früh mit verhaltenspsychologischen und tiermedizinischen Themen auseinandergesetzt.
Seit Jahren engagiert sich die Autorin in ihrer Freizeit verstärkt für Papageien. Ihr Spezialgebiet ist die Arbeit mit physisch und psychisch kranken Papageien. 2003 hat Ann M. Castro die gemeinnützige AdlA Papageienhilfe gGmbH gegründet. AdlA steht für „Amigos de las Aves" und bedeutet Vogelfreunde. Ziel der Papageienhilfe ist es, das Leben von Papageien in der Gefangenschaft zu verbessern, insbesondere durch Aufklärungsarbeit in Bezug auf Haltung, Gesundheit und Verhalten. Ann M. Castro wird selbst von Tierärzten und Zoohändlern zu Rate gezogen und war bereits in zahlreichen Fernsehsendungen als Papageienexpertin zu Gast. Die studierte Ingenieurin der Verfahrenstechnik (B.A.Sc.) hält einen Master of Business Administration (M.B.A.) und arbeitet in der Finanzdienstleistungsbranche.

Weitere Publikationen von Ann Castro

Clickertraining für Papageien, Sittiche und andere Vögel
Das Clickertrainingbuch für Einsteiger erklärt, wie Clickertraining funktioniert. Es führt Dich Schritt für Schritt durch alle Anfängerübungen und zeigt Dir, wie Du Deinen Vögeln nützliche und unterhaltsame Verhaltensweisen beibringen kannst. Das Training wird Dir und Deinen Vögeln garantiert Spaß machen und Eure Beziehung festigen.
Broschiert: 152 Seiten, ISBN-13: 978-3939770015

Mehr Clickertraining für Papageien, Sittiche und andere Vögel
Das Clickertrainingbuch für erfahrene Trainer. Es führt Dich an fortgeschrittene Übungen heran, wie zum Beispiel Namen lernen, Auf Deinen Platz, Bleib, In den Käfig, Füßchen geben, Apportieren, Such-Verloren, u.v.a.m. Es enthält außerdem diverse Medical-Training-Übungen, wie zum Beispiel In die Transportbox gehen, Krallen schleifen, Aus der Spritze trinken, Fuß untersuchen und behandeln, Drei-Finger-Griff, Flügel untersuchen.
Broschiert: 196 Seiten, ISBN-13: 978-3939770060

Erste Hilfe für Papageien, Sittiche und andere Vögel
Das Erste-Hilfe-Buch für Vogelhalter bereitet Dich auf den Notfall vor. Im Detail beschreibt es die Erstellung einer homöopathischen und einer schulmedizinischen Notfallapotheke, Vorbereitung eines Behandlungsraumes und Erste-Hilfe-Maßnahmen. Das Buch beinhaltet Detailinformationen zu etlichen Verletzungen und Erkrankungen und deren Erstbehandlung.
Broschiert: 232 Seiten, ISBN-13: 978-3939770022

Gesundheitspass für Papageien, Sittiche und andere Vögel
Der Gesundheitspass erlaubt Dir, alle wichtigen gesundheitlichen Informationen zu Deinen Vögeln auf einen Griff zur Hand zu haben. Es werden alle erforderlichen Untersuchungen detailliert aufgeführt sowie Erkrankungen und Unfälle. Abgerundet wird der Gesundheitspass mit einer fünfjährigen wöchentlichen Gewichtstabelle.
ISBN-13: 978-3939770046

Aus der Serie
Geschichten aus der Vogelschule

Band I: Papageiengeflüster, ISBN-13: 978-3939770282

Band II: Die Papageienflüsterin, ISBN-13: 978-3939770329

Unter dem Namen Anna G. Shiney

Clicker Training the Law of Attraction.
How to treat the Universe like a Dog.
Applying the principles of clicker training to make the law of attraction work for you. www.annashiney.com
ISBN-13: 978-3939770275
Demnächst auch in Deutsch.

Meine Publikationen gibt es größtenteils auch als kostengünstige ebook-Ausgaben (mobi, epub und PDF).

Aus unserem ann's-world-Shop für Dich und Deine Vögel:

Bio-Futter

100% bio und Lebensmittelqualität für alle Papageien, vom Wellensittich bis zum Ara. In unserem Sortiment findet Ihr Einzelsaaten und Futtermischungen für die verschiedensten Papageienarten und deren spezielle Bedürfnisse. Zusätzlich gibt es Kochfutter und andere Leckereien.

Bio-Kräuterstübchen

Die Natur bietet Vieles, um die Gesundheit unserer Papageien zu erhalten und zu stärken. In unserem Biokräuterstübchen bieten wir getrocknete Kräuter, Blüten und Tees, die durch ihre Inhaltsstoffe die Ernährung ergänzen und die Körper- und Organfunktionen unterstützen.

Bastelladen

Viele von uns möchten für unsere Lieblinge selber basteln. Leider ist es oft schwierig, interessante, aber dennoch vogelgerechte und -sichere Teile zu bekommen. Unser Bastelladen bietet ein umfangreiches Sortiment an Artikeln aus den verschiedensten Materialien.

Spielzeug

Die Papageienhalter, die keine Zeit, Lust oder kein Geschick zum Selberbasteln haben, finden bei uns eine Vielzahl der unterschiedlichsten Spielzeuge für unsere gefiederten Freunde. Dabei berücksichtigen wir die Größe und Spielvorlieben unserer Papageien, wie zum Beispiel Zerstörer, Bastler, Krachmacher.

Gesundheitsecke

Unsere Gesundheitsecke bietet verschiedenste Produkte zur Gesundheitvorsorge, aber auch zur Behandlung im Krankheitsfall unserer gefiederten Mitbewohner, wie zum Beispiel Vogelwaage, Inhalationsgeräte, Vitamine, Erste-Hilfe-Buch, Gesundheitspass und Erste-Hilfe-Zubehör.

Papageienheime und -zubehör

Papageien brauchen ein schönes und sicheres Zuhause zum Glücklichsein. Wir bieten in unserem Shop ausschließlich Edelstahlkäfige an, um lebensgefährliche Zinkvergiftungen auszuschließen. Dazu gibt es jede Menge Zubehör wie die verschiedensten Papageiensitze, Futterbehälter, UV-Lampen usw.

www.annsworld.de